CÓMO LIDERAR

grupos pequeños

QUE TRANSFORMEN

VIDAS

CÓMO LIDERAR

grupos pequeños

QUE TRANSFORMEN VIDAS

BILL DONAHUE

Y EL EQUIPO DE LOS GRUPOS PEQUEÑOS
DE WILLOW CREEK

La misión de Editorial Vida es ser la compañía líder en comunicación cristiana que satisfaga las necesidades de las personas, con recursos cuyo contenido glorifique a Jesucristo y promueva principios bíblicos.

CÓMO LIDERAR GRUPOS PEQUEÑOS QUE TRANSFORMEN VIDAS
Edición en español publicada por
Editorial Vida —2009
Miami, Florida

Originally published in the U.S.A. under the title:
Leading Life-Changing Small Groups
Copyright ©1996, 2002 by the Willow Creek Association
Published by permission of Zondervan, Grand Rapids, Michigan

Traducción: *Wendy Bello*
Edición: *Elizabeth Fraguela M.*
Diseño interior: *Pablo Snyder & Alejandra Ferron*
Adaptación de cubierta: *Cathy Spee*

ISBN: 978-0-8297-5371-4

Categoría: Ministerio Cristiano / General

Impreso en Estados Unidos de América
Printed in the United States of America

09 10 11 12 ❖ 6 5 4 3 2 1

CONTENIDO

Parte tres: Desarrollo de los líderes aprendices

Parte cuatro: La vida en el grupo

Parte cinco: Cómo dirigir las reuniones

Sección 3. Desarrollo de la preparación del líder de un grupo pequeño

Sección 4. Evaluación del ministerio de los grupos pequeños de tu iglesia

Sección 5. Recursos

Este manual está dedicado a los ministros voluntarios de Willow Creek que dedican su tiempo, talentos y recursos a pastorear y desarrollar a los miembros de los grupos pequeños en la madurez en Cristo.

Que Cristo los recompense por su fiel servicio e inquebrantable devoción a su ministerio.

RECONOCIMIENTOS

Agradezco el arduo trabajo de todos aquellos que participaron en la preparación de este manual, pero debo dedicar una nota especial de gratitud a Debbie Beise, Cindi Salazar, Judson Poling y Todd Wendorff por sus contribuciones. Sin su arduo trabajo y compromiso, no tendríamos este valioso recurso para los líderes.

Y Willow Creek nunca sería la iglesia de grupos pequeños que es hoy sin el liderazgo de tantas personas valiosas a lo largo del camino; Jim Dethmer, Jon Wallace, Greg Hawkins, Brett Eastman y Marge Andersen. Un agradecimiento especial para Russ Robinson por su liderazgo en Willow y la cooperación que prestó para ayudar a editar y depurar esta revisión.

Gracias también a Carl George por proporcionar a la iglesia un modelo de ministerio que proporciona vida, ¡y que funciona! Tu contribución para el reino dará frutos en las generaciones venideras.

Bill Donahue

PREFACIO

Bienvenido. Los líderes de los grupos pequeños diseñaron este manual para líderes de grupos pequeños. Es un manual de consulta para tu ministerio, con la información y los recursos que necesitas para guiar un grupo eficiente y dinámico... el tipo de grupo donde el cambio de vida es la norma, no la excepción.

Vas a encontrar que *Cómo liderar grupos pequeños que transformen vidas* está organizado de manera tal que es fácil encontrar la información que necesitas en el momento que la necesitas. Se ha tomado muy en cuenta el sentido común. Cada sección conduce de manera natural a la siguiente, y una y otra vez utilizarás partes de esta mientras avanzas como líder del tipo de grupo pequeño que transforma a los participantes en seguidores de Cristo entregados por completo.

Cómo se diseñó este manual

La introducción de este libro, titulada «Una estructura que sirve a las personas», describe algo del funcionamiento básico de la estrategia para grupos pequeños que considero muy acertada; una estrategia adaptada del modelo de meta-iglesia de Carl George para grupos pequeños. Descubrirás cómo está diseñado el modelo de meta-iglesia, cómo se utiliza y por qué es efectivo. Por favor, dedica tiempo a leer la introducción, ya que proporciona un fundamento básico para el resto del libro.

La Parte uno comienza con los principios y valores bíblicos fundamentales de un ministerio de grupos pequeños exitoso. Lo que las personas creen (lo que realmente creen) da origen a sus acciones. Lo que tú crees acerca de la comunidad cristiana, el evangelismo, el discipulado y la función de los grupos pequeños en el cuerpo de Cristo determinará el impacto de los esfuerzos de tu ministerio. Esta sección te proporciona el fundamento para desarrollar un ministerio próspero y emocionante.

La Parte dos está dirigida al corazón de un grupo pequeño exitoso: El liderazgo. Líderes preparados, talentosos y apasionados forman la columna vertebral central de un ministerio de grupos pequeños decidido a desarrollar seguidores de Cristo consagrados y fructíferos. Aquí tratamos la vida espiritual del líder de grupos pequeños, una breve descripción de la labor del líder de grupo pequeño y el carácter del pastor de un pequeño rebaño.

La Parte tres se centra en la multiplicación exitosa de los líderes a través del proceso de nombrar aprendices. El desarrollo del liderazgo no es responsabilidad de unos pocos miembros del personal de la iglesia que trabajan a tiempo completo. Es el privilegio de cada líder de grupo pequeño identificar, desafiar, motivar y preparar a las personas que entonces se desarrollarán como líderes de grupos que cambian vidas.

La Parte cuatro llama tu atención a la vida y la vitalidad del grupo pequeño. Una vez que desarrolles la visión y los valores para guiar tu ministerio, que logres una comprensión clara de tu función como líder en el cuerpo de Cristo y que te comprometas con la identificación y tutoría de otros líderes potenciales, puedes comenzar a formar un grupo dinámico. Aquí abarcamos la formación de los grupos, la determinación de la visión del grupo y el establecimiento de un pacto de compromiso que tiene como base los valores comunes.

La Parte cinco te conduce a las habilidades y a la información necesaria para dirigir reuniones que transformen vidas; desde la planificación de la reunión hasta el uso de buenas preguntas, el manejo de los conflictos fundamentales, la creación de relaciones, guía de debates dinámicos y la obtención de la retroalimentación sobre el grupo y sobre tu liderazgo.

La Parte seis ayuda al líder a convertirse en un pastor. Eso es lo que eres: Un pastor-líder; alguien que provee un sentido de visión y dirección al grupo, que alienta a los miembros en su andar para ser como Cristo y que posibilita reuniones dinámicas en las que las personas comprenden, reflejan y obedecen la Palabra de Dios. Pero un líder también ayuda a que el grupo se convierta en un ambiente de cuidado y nutrición, donde los miembros encuentran descanso para su alma, oran por sus necesidades y hallan sanidad para sus heridas. Como pastor, tu pequeño rebaño merece tu atención y sabiduría.

La Parte siete está diseñada para ayudarte a multiplicar tu ministerio. Como líder, tienes el privilegio de extender el Reino de Dios más allá del grupo y de alcanzar a otros que aún no han experimentado la plenitud de una verdadera comunidad en Cristo. Aprenderás cómo invitar a otras ovejas al rebaño, cómo llevarlas al ambiente vivificante de tu grupo y cómo ayudar a tus líderes nacientes a dar el paso para comenzar a guiar sus propios grupos.

La Parte ocho te muestra cómo iniciar el trabajo de grupos pequeños en tu iglesia y proporciona un método para evaluar la efectividad de un ministerio de grupos pequeños. Los procesos y pasos que aquí se bosquejan ayudarán a los nuevos ministerios a lograr un gran comienzo y permitirán que los ministerios existentes evalúen su trabajo, realizando las correcciones y mejorías necesarias para llevar sus esfuerzos a nuevos y emocionantes niveles de crecimiento y de semejanza a Cristo.

Por último, las dos secciones más importantes de este libro pudieran ser el Contenido (al principio del libro) y el Índice (al final). Podrás ir a estas secciones para encontrar con rapidez el material que necesitas para guiar al grupo.

Así que comienza con entusiasmo y prepárate para la aventura de tu vida: Una comunidad de grupo pequeño que produce seguidores de Jesucristo, dedicados unos a los otros y a edificar juntos el reino.

INTRODUCCIÓN:
UNA ESTRUCTURA QUE SIRVE A LAS PERSONAS

La estructura puede facilitar o impedir los esfuerzos ministeriales de cualquier grupo, grande o pequeño. Muchas veces las iglesias y los grupos pequeños no vinculan los ideales y el entusiasmo para un ministerio enérgico con un diseño organizacional que permita que el ministerio prospere. Pero, ¿cómo sabe la iglesia cuándo el diseño de un grupo o de una gran organización alienta el ministerio o lo frustra? Vamos a responder esa pregunta con otra pregunta. ¿La estructura sirve a las personas, o las personas sirven a la estructura?

Muchas organizaciones (y muchos grupos pequeños) crean sin saberlo un sistema que ve a las personas como recursos que sirvan de combustible a la organización. Es triste ver que algunas iglesias motivan a los miembros mediantes sentimientos de culpa o una manipulación espiritualizada para lograr que llenen un lugar en la organización como voluntarios. «¡Nuestros niños irán a la deriva por la vida sin dirección ni propósito, vagando peligrosamente muy cerca del abismo de la carnalidad, a menos que te matricules hoy mismo para enseñar en el ministerio infantil!»

Los grupos pequeños —y los líderes de grupos pequeños— cometen el mismo error. Los líderes protestan: «Trabajé siete horas en esta lección. No es justo que ustedes no hagan lo que se les indicó. ¡Todo mi trabajo se ha echado a perder!» Traducción: «Me esforcé para crear algo que ustedes deben escuchar. Como lo creé, ustedes debieran desear escucharlo. Después de todo, ustedes existen para proporcionar una audiencia para mi enseñanza y mis habilidades de dirección. Si ustedes no hacen su parte, ¿cómo voy a tener un ministerio?»

Tales apelaciones pueden tener un elemento de verdad, pero en ambos casos se asume que las personas existen para servir a las necesidades de la organización. En vez de esto, se debe diseñar la organización de manera que sirva a las personas que la iglesia está llamada a pastorear y discipular. El modelo de meta-iglesia que hemos adaptado y refinado en todo este manual presenta una estrategia organizacional con un enfoque en el fortalecimiento y desarrollo de las personas. Los líderes de grupos pequeños, deseosos de ayudar a las personas para que sean fieles siervos y fructíferos mayordomos de los dones que Dios les ha dado, descubrirán que esta estructura de ministerio fortalece su liderazgo mientras que independiza de manera eficiente a sus miembros para el ministerio y el servicio en el cuerpo de Cristo y en el mundo que les rodea.

Componentes clave de la estrategia de meta-iglesia para los grupos

El término meta significa «cambio». Una meta-iglesia es una iglesia que está cambiando la manera en que logra la expansión del reino. Una meta-iglesia está organizada alrededor de grupos celulares, donde las personas pueden hallar amistad, recibir orientación en la fe, comprender e intercambiar ideas acerca de la verdad de la Palabra, identificar y usar sus dones espirituales y proveerse atención los unos a los otros. (Para obtener más información en cuanto a cómo están organizadas estas iglesias, debes referirte a los libros de Carl George *The Coming Church Revolution* y *Nine Keys to Effective Small Group Leadership*).

Límite de cuidado

Es imposible que un pastor pueda proporcionar atención, discipulado y cuidado a un grupo grande de personas. Nadie tiene el tiempo ni las energías suficientes para pastorear un rebaño de 80 ó 200 ó 500 personas. Así que, ¿cuál es un límite de cuidado razonable? Recomendamos una proporción de 1:10, es decir, un líder de equipo debe atender hasta diez miembros. Como líder voluntario en la iglesia, tu tiempo es limitado. Pastorear a un grupo de seis a diez personas es desafiante, pero es un rebaño con el cual se puede trabajar.

La capacidad de una iglesia para proporcionar un toque personal a menudo se pierde cuando esta crece. Una iglesia pequeña de 65 miembros que alcanza a 30 personas para Cristo ahora debe asimilar a esas personas, alimentarlas en la fe y proporcionar una atención continua para sus necesidades personales. Tal vez unos pocos voluntarios y un pastor a tiempo completo podían desarrollar esta tarea cuando eran 65 miembros. Pero ahora, con 95 miembros (y con otros muchos nuevos creyentes que requieren atención), es necesario que la atención se divida entre muchos, y no entre pocos. Diez grupos pequeños con líderes aprendices harán de esta iglesia un lugar de más vida, mayor atención y de un toque más personal. Cada persona se sentirá atendida si nadie tiene que atender a más de diez personas (incluso el pastor a tiempo completo, quien se dispondrá a preparar y pastorear a los líderes de los grupos pequeños y a dedicarle más tiempo a «la oración y al ministerio de la palabra» como en Hechos 6:4).

Desarrollo del liderazgo

Convertir a seguidores devotos en líderes de pleno desarrollo es tan difícil como reconfortante. Es difícil porque requiere concentración, energía y persistencia. Nunca escucharemos algo así con relación al desarrollo del liderazgo: «¡Hoy debes prestarle toda tu atención a esto!» Tal tipo de reclamo puede venir de la preparación del sermón, la práctica de la música, los programas de construcción, las reuniones de comités de finanzas, la consejería pastoral y los miembros inconformes. Todos sabemos que necesitamos más líderes capacitados y entrenados, pero el desarrollo del liderazgo casi siempre puede esperar para la semana siguiente, o hasta que «salgamos de este mal momento», o terminemos la ampliación o cuando el equipo de trabajo de la iglesia tenga algún tiempo extra. En otras palabras, nunca.

La prosperidad de tu grupo y la del ministerio de grupos pequeños en tu iglesia, florece de acuerdo a la habilidad de identificar y desarrollar líderes calificados para que pastoreen los pequeños rebaños de creyentes y alcancen a los perdidos que necesitan a Cristo. Sin este ministerio, la iglesia morirá. En el modelo de la meta-iglesia, el líder del grupo pequeño y el personal que trabaja con el pastor buscan el desarrollo del liderazgo de manera intencional. Los líderes, que trabajan con el apoyo y la dirección de ese personal, identifican a los líderes potenciales y se esfuerzan por discipularlos en la dirección del liderazgo de grupos pequeños. Cada grupo está formado por un líder activo, al menos un aprendiz de líder en el proceso de familiarizarse con todo el trabajo de liderazgo del grupo pequeño y otros en el camino hacia el desarrollo del liderazgo al actuar como anfitriones de las reuniones o abogar por el valor de la franqueza en el grupo. Nuestro modelo también estimula al líder a identificar nuevos líderes; líderes que tienen el potencial pero que aún no tienen preparación para ninguna función formal. Una vez identificados, el líder activo los desafía para que se conviertan en aprendices.

Ningún grupo debe comenzar sin tener su equipo de líderes. Esto asegura que el liderazgo se divida y experimente desarrollo, y demuestre la seriedad de la iglesia con respecto al futuro del ministerio. Los grupos que comienzan sin aprendices o líderes que se estén superando, pueden quedarse estancados e incapaces de reproducirse en nuevos grupos. El grupo pequeño es el lugar para que los nuevos líderes experimenten con sus dones espirituales, obtengan retroalimentación del grupo, reciban las orientaciones del líder y crezcan en el liderazgo.

Multiplicación del grupo

Si hablas de multiplicación con los líderes de grupos pequeños, por lo general ellos reaccionarán con miedo. «¡No vayas a romper nuestro grupo!» dice la mayoría de los líderes. Pero el Reino de Dios avanza una vida a la vez. Se nos llama a multiplicar nuestro ministerio al extender el reino y abrazar a nuevos seguidores. El uso de la silla vacía para permitir un constante crecimiento del grupo a un buen ritmo, permitirá que los nuevos creyentes o los buscadores encuentren uno. Y el desarrollo intencional de los aprendices de líderes asegura que alguien estará listo para guiar nuevos grupos según vayan creciendo los grupos existentes y produzcan nueva vida. Al formarse nuevos grupos de los existentes, se pueden multiplicar los valores y principios aprendidos.

Cada persona necesita un lugar para experimentar comunidad. Hay un aumento de entusiasmo y emoción a medida que la vida cambia y nuevas personas se incorporan a una relación significativa en la comunidad. Es natural que los grupos formen subgrupos constituidos por tres o cuatro personas cada uno.

Estos subgrupos pueden, a su vez, desarrollar líderes, agregar miembros y, por último, separarse en nuevos grupos saludables. El proceso continúa hasta que todos los que desean comunidad encuentran un pequeño rebaño que los reciba, los haga crecer y los aliste para el ministerio.

Pastorear de forma deliberada

El mejor discipulado es el discipulado de grupo. Jesús lo practicó, dedicó buena parte de su tiempo con no menos de tres de sus doce discípulos. El aprendizaje del grupo y las experiencias del ministerio tienen diferentes ventajas. Las personas que logran su desarrollo en el contexto de un grupo pequeño se benefician de la sabiduría y el discernimiento de muchos miembros del grupo, son capaces de usar sus dones en un ambiente seguro y alentador, pueden experimentar cómo varios hermanos suplen sus necesidades y oran por ellos y pueden recibir aliento para el ministerio en equipo. Las reuniones y la consejería uno a uno se enriquecen con la experiencia mayor del grupo, y se protege al líder para que este no lleve toda la responsabilidad de pastorear. Así que nos ayudamos «unos a otros a llevar [nuestras] cargas» y nos involucramos en un ministerio mutuo en el cuerpo de Cristo.

Hacer que personas no religiosas se conviertan en consagrados seguidores de Cristo siempre ha estado en el corazón de Dios y de su Iglesia. Jesús nos mandó a hablar, amar y servir a los demás tal y como él lo había hecho, y vivir vidas donde creciera el amor, el gozo y los demás rasgos del fruto del Espíritu. Los discípulos no son personas que tienen más respuestas a las preguntas de la Biblia o que asisten a más reuniones o que escuchan más programas radiales cristianos. Los discípulos son personas que actúan como Cristo, que están dispuestos a entrenarse para ser como él, que practican las disciplinas de la oración, de estar a solas, la adoración, la lectura y el estudio de la Biblia, la comunidad y el ministerio. Son personas que dedican toda la vida a aprender y a amar a Cristo. Los grupos pequeños que son intencionales en lo que respecta a pastorear a las personas hacia la madurez, verán multiplicarse sus frutos en la vida de las personas.

Coordinación del ministerio

Las iglesias, no importa el tamaño, funcionan muchas veces como un grupo de ministerios paraeclesiásticos que coinciden en la misma dirección. Comparten locales, recursos, voluntarios, finanzas y mandatos de las Escrituras, pero te será difícil verlos trabajar juntos con metas y propósitos comunes. El modelo de la meta-iglesia es un modelo de «iglesia completa» que fomenta el trabajo en equipo y la coordinación de los esfuerzos ministeriales. Como todos los ministerios de la iglesia se diseñan y desarrollan utilizando grupos pequeños, es esencial que todos esos grupos funcionen juntos para lograr la misión de la iglesia. Como el modelo de la meta-iglesia emplea la misma estructura de grupos pequeños para todos los ministerios de la iglesia (jóvenes, niños, coro, ministerio de adultos, alcance internacional, etcétera), esa estructura proporciona un sistema común para implementar el ministerio en toda la organización.

Por ejemplo, una iglesia puede determinar concentrar las tropas alrededor de la meta de alcanzar su comunidad para Cristo. Además de los ministerios de predicación y enseñanza que desafían y exhortan a las personas, los grupos pequeños pueden practicar evangelismo, dar apoyo en oración, elevar el significado del evangelismo y asimilar a los nuevos discípulos. Los líderes de grupos pequeños de toda la iglesia pueden reunirse para recibir preparación y retroalimentación, para que se les presente la visión y para orar. No importa el tamaño ni alcance de su ministerio en particular, cada uno puede «apropiarse» de la misión de alcanzar a la comunidad y puede explicarlo a los miembros de sus grupos pequeños. Esta es una estrategia efectiva para iglesias de 80; 800 u 8,000 miembros.

Preguntas que debes responder al diseñar la estructura de un ministerio

1. *¿Seremos una iglesia con grupos pequeños o una iglesia de grupos pequeños?* Asegúrate de responder esta pregunta con claridad, porque determinará tu ministerio en los próximos años. Si tu iglesia tiene grupos pequeños pero no desea organizar su ministerio en torno a los grupos pequeños, entonces los «grupos pequeños» son un programa o departamento de la iglesia. Es opcional.
Sin embargo, si has decidido desarrollar tu ministerio en pequeñas comunidades, entonces los grupos pequeños se desarrollarán en toda la iglesia. Los grupos proporcionan un sistema para comunicar la verdad y dar atención y cuidado pastoral. Representan la mayor parte de la vida corporal de la iglesia. Esto quiere decir que todos los miembros del personal de la iglesia y sus comités seguirán el modelo de la vida de grupo y promocionarán la visión para los grupos. Implementar un ministerio basado en grupos y responder por este no será responsabilidad de un solo miembro del personal.

2. *¿Cómo determinaremos cuál es el límite de cuidado apropiado para los miembros del personal de la iglesia y para nuestros voluntarios?* Una estructura de ministerio de la iglesia determina quién es responsable de la alimentación y el desarrollo de otros en la estructura, desde el pastor principal hasta el concilio de la iglesia y los miembros de la iglesia. Después de establecer prioridades asignando tiempo e invirtiendo recursos y energía, determina lo que está disponible para el ministerio de grupos pequeños. Recuerda que hay límites para lo que cada persona puede hacer. Si se necesita atención para todos y ninguna persona puede atender a más de diez, entonces diseña tu límite de cuidado de acuerdo a esto y esfuérzate por hacer honor a esos límites.

3. *¿Puede adaptarse la estructura para dar lugar a cambios?* Los cambios en las necesidades del ministerio, la cantidad de miembros, las limitaciones de locales y estacionamiento, las prioridades educacionales y la estrategia de la iglesia son inevitables. Por esto resulta importante que tu estructura no sea

rígida. Debe permitir que se utilicen recursos y personas de forma tal que la vitalidad del ministerio nunca se vea comprometida. La estructura de un grupo pequeño siempre debe enriquecer el ministerio, no impedir su progreso.

4. *¿Cuáles serán las funciones del personal y de los voluntarios?* ¿Hay mayor estimación por los ministerios del personal a tiempo completo que por los ministerios de los que no reciben salario? ¿Se preocupará el personal a tiempo completo por la identificación, preparación y desarrollo del cuerpo de Cristo? Las estructuras deben fortalecer, suplir y apoyar el ministerio de los miembros en el cuerpo. Los grupos pequeños que envían a las personas al ministerio, pero no los apoyan ni preparan, están permitiendo que el ministerio flaquee. Los voluntarios que no se sienten bien preparados y se ven aislados, muy pronto abandonan el ministerio y hacen otra cosa. Solo se logran los resultados deseados cuando se acopla la estructura correcta con la filosofía de ministerio correcta.

Una estrategia diseñada con cuidado muestra mucha atención a estos asuntos. Es un método para el ministerio que es efectivo y comprensible. No está ausente de debilidades o problemas; ninguna estrategia o estructura puede decir que lo está. Pero cuando la estrategia se define y articula con claridad, los líderes de la iglesia pueden sacar provecho de sus fortalezas y hacer los arreglos adecuados para sus debilidades.

El resto de este libro está dedicado a ayudarte a poner en funcionamiento esta estrategia en la vida de la iglesia local.

Parte uno

FILOSOFÍA
DE LOS GRUPOS PEQUEÑOS

El término «filosofía» pudiera hacer que algunos piensen en Sócrates, Platón, Kant o Nietzsche. Tal vez otros piensen que es un desperdicio de papel y ya se disponen a pasar a la próxima sección. Pero, no te apures para hacerlo. Lo que crees acerca del ministerio afecta directamente la manera en que lo conduces. El ministerio de grupos pequeños no es una excepción. Si estás tratando de saber si tu grupo encaja en la estrategia general de tu iglesia, entonces, aquí encontrarás ayuda. Si eres el responsable de liderar el ministerio, las páginas siguientes te darán algunas buenas ideas.

Todos los ministerios de grupos pequeños necesitan líderes que tengan una visión clara y valores sólidos. Toda estrategia de grupos pequeños necesita una estructura, una forma de organizar los grupos de modo que el ministerio perdure en la iglesia y no se pierda en el caos organizacional.

Así que revisemos cuidadosamente tu misión, qué tipos de discípulos deseas producir, la comunidad bíblica que quieres desarrollar y la clase de estructura que contribuirá a unir todo eso en tu contexto específico. Una vez que tengas esto claro, podrás continuar debatiendo los asuntos y las cualidades para el liderazgo. (Para aquellos de ustedes que dirigen el ministerio en la iglesia, encontrarán más información acerca de estos temas en el libro *Edificando una iglesia de grupos pequeños*.)

MISIÓN, VALORES Y VISIÓN

DECLARACIÓN DE LA MISIÓN Y LA FILOSOFÍA DEL MINISTERIO PARA LOS GRUPOS PEQUEÑOS

Una declaración de la misión y una filosofía del ministerio son clave para el éxito de tu ministerio porque funcionan como herramientas náuticas necesarias para trazar un curso preciso hacia un destino importante. La declaración que usó Willow Creek Community Church en South Barrington, Illinois, puede servir como ejemplo. Más abajo y en las páginas siguientes, encontrarás la explicación detallada de nuestra visión acerca de los grupos pequeños. Mientras la lees, piensa cómo puedes conformar y expresar la visión y los valores de tu iglesia.

La misión primordial en Willow Creek es «transformar a las personas no religiosas en seguidores de Cristo totalmente comprometidos». En Willow Creek existen diversos ministerios para cumplir dicha misión. Desde el servicio de fin de semana o el servicio a mitad de semana para la Nueva Comunidad de creyentes, hasta los diferentes subministerios de Willow Creek, tenemos el compromiso de llevar a la gente a semejarse cada vez más a Cristo. Debido a que los grupos pequeños se han convertido en nuestra forma de llevar a cabo el ministerio, es fundamental que comprendamos el papel que juegan en el cumplimiento de nuestra misión global.

A continuación presentamos la declaración de la misión de acuerdo al propósito de los grupos pequeños en Willow Creek y su función en el cumplimiento de nuestra visión primordial. Las preguntas: «¿Por qué existen los grupos pequeños?» y «¿Cuál es el propósito de los grupos pequeños?» se responden en la declaración de la misión. Después de la declaración de la misión encontrarás una filosofía del ministerio estructurada alrededor de cinco valores clave que creemos sentarán las pautas para la forma en que Willow Creek desarrollará su ministerio en los próximos años. Estas cinco afirmaciones son creencias o valores, basados en las Escrituras, que apoyan nuestra filosofía del ministerio.

MISIÓN:

EDIFICAR UNA COMUNIDAD PARA ALCANZAR UNA COMUNIDAD

Relacionar personas en grupos de cuatro a diez que se reúnen regularmente con un propósito en común y bajo la dirección de un líder identificado que los ayuda en sus progresos hacia una completa devoción a Cristo al proveer con intención un ambiente para relacionarse, crear comunidad y formación espiritual.

«...Les he puesto el ejemplo, para que hagan lo mismo que yo he hecho con ustedes».
JUAN 13:15

Otros pasajes:
Juan 14:15
Romanos 6:12-13, 17-19; 8:29
Filipenses 1:6
Colosenses 1:28; 2:6-7
1 Juan 2:6

CINCO VALORES CLAVE

Mandato: Transformación espiritual

Jesucristo, como cabeza de la iglesia, tiene la intención de que sus seguidores lleguen a ser como él

El plan de Dios es que aquellos que creen en su nombre lleguen a ser como él en actitud y en conducta. La iglesia existe no solo para reunir seguidores, sino para transformarlos.

La vida de la iglesia es la suma de todas las actividades que promueven la obra transformadora de Cristo. En una iglesia, los programas y subministerios se deben diseñar para que sirvan el objetivo de Cristo de cambiar vidas y deben considerarse obsoletos cuando dejan de cumplir dicho objetivo.

Describimos el cambio de vida que la iglesia debe producir como razón principal de su existencia con «Los cinco aspectos clave»: Gracia (para apropiarse personalmente y extender la obra salvadora de Cristo), Crecimiento (querer ser como Cristo), Grupo (relacionarse con otros por medio de relaciones significativas), Dones (servir al cuerpo de Cristo según la pasión y los dones espirituales) y una Buena Mayordomía (honrar a Dios con nuestros recursos a través de lo que damos a la iglesia y lo que guardamos para nosotros).

LOS CINCO ASPECTOS CLAVE

Gracia	*Crecimiento*	*Grupo*	*Dones*	*Buena mayordomía*

«Designó a doce, a quienes nombró apóstoles, para que lo acompañaran».
MARCOS 3:14

Otros pasajes:
Éxodo 18:17-27
Hechos 2:46

Método: la comunidad de los grupos pequeños

Un grupo pequeño provee el contexto ideal para que se produzca el cambio de vida que Jesús desea en cada creyente

Las relaciones significativas (incluyendo las individuales) surgen mejor en el contexto de un grupo pequeño. Relacionar a las personas en un grupo pequeño no es un subministerio opcional de la iglesia: es esencial para el crecimiento. Sin dicha conexión, la gente puede, en el mejor de los casos, asistir a las reuniones, pero sin participar verdaderamente en la iglesia.

Un pequeño grupo de creyentes que se aman los unos a los otros con el amor de Dios experimentarán la vida que Cristo prometió al nivel más profundo. Este amor los transforma de manera radical y demuestra su poder. Un grupo que, por su diseño, no contribuye a esta meta de madurez espiritual tal vez sea una colección de cristianos pero no es un pequeño grupo exitoso.

Se necesitan diferentes grupos pequeños para satisfacer las necesidades individuales de los creyentes, así como las diversas necesidades del cuerpo en su conjunto. Las personas pueden parecerse cada vez más a Cristo, cuidarse mutuamente y prestar sus servicios en cualquier grupo, ya sea en un grupo de discipulado, de tareas, de enseñanza, un grupo de los doce pasos del cristiano, un grupo de consejería o cualquier otro tipo. Sin embargo, los ministerios en una iglesia local que no tiene grupos pequeños dentro de su estructura por lo general no puede producir cambios de vida óptimos en las personas que acuden a ese ministerio para crecer y tener oportunidades de servir.

Movilización: Líderes estratégicos

La persona más estratégica en el proceso de cambio de vida dentro de la iglesia es el líder de un grupo pequeño

La prioridad del liderazgo de la iglesia es ayudar a los líderes de grupos pequeños para que triunfen, apoyándolos y preparándolos. Para lograr ese objetivo la iglesia debe emplear sus mejores recursos, y así asegurar que el líder de un grupo pequeño tenga todo lo necesario para ser eficiente.

Los líderes de grupos pequeños no pueden florecer en el vacío. Los líderes necesitan reunirse a menudo con otros líderes para recibir aliento y rendir cuentas (encuentros). Además, la junta directiva de la iglesia y otros líderes tienen que proveer una preparación en las habilidades necesarias para la vida del grupo (capacitación de habilidades) y recordatorios del propósito y las metas que mueven el ministerio (afianzamiento de la visión). Las habilidades básicas necesarias para liderar con efectividad un grupo pequeño son las mismas ya sea que estés guiando un grupo de voluntarios dedicados a las tareas de la iglesia, un grupo de jóvenes, o un pequeño grupo de parejas.

Los líderes necesitan supervisión de los mentores, quienes les pueden dar ánimo y demandar responsabilidades. Los mentores no deben violar los límites del alcance de sus cuidados (1 mentor para 4-5 líderes). Esto debe ser así en toda la iglesia, todos deben recibir el cuidado de alguien.

El objetivo principal de un líder es la transformación de vidas: ayudar a los miembros del grupo a desarrollar un carácter similar al de Cristo, a través del aprendizaje, del amor mutuo y de la contribución personal y de sus recursos. Además, los líderes deben ayudar al grupo a crecer en tamaño y, con el tiempo, crear nuevos grupos. (Reconocemos que algunos grupos son más cerrados porque se encargan de asuntos específicos o cubren un currículo específico.) El líder es responsable del crecimiento y debe nombrar a un aprendiz, asistir a los cursos de preparación y hacer planes para los futuros nacimientos de nuevos grupos.

Multiplicación: El alcance del cuidado

Los grupos tienen que expandirse y multiplicarse de modo que, con el tiempo, cada creyente pueda relacionarse con otros

En última instancia, un grupo pequeño no existe por sí mismo. Las personas que se asemejan a Cristo resisten la tendencia natural al egoísmo, desean incluir a otros que no están relacionados para que también puedan experimentar la vida en un grupo. Por lo tanto, los grupos pequeños deben tener una estrategia viable para el crecimiento y la reproducción de modo que algún día todas las personas que conforman la iglesia local se incluyan en algún tipo de conexión relacional bien identificada.

Los aprendices son los futuros líderes y tienen que ser una parte integral de la vida del grupo para que los líderes nacientes continuamente ganen experiencia en el trabajo y puedan estar listos para liderar grupos propios tan pronto como estén preparados para hacerlo.

Si un grupo crece demasiado, su líder no puede proveer el cuidado necesario para la transformación de cada individuo. Aunque los grupos tienen que crecer,

«Él mismo constituyó a unos, apóstoles; a otros, profetas; a otros, evangelistas; y a otros, pastores y maestros, a fin de capacitar al pueblo de Dios para la obra de servicio, para edificar el cuerpo de Cristo».
EFESIOS 4:11-12

Otros pasajes:
1 Corintios 16:15-16
1 Tesalonicenses 5:12-13
Hebreos 13:7,17

«Lo que me has oído decir en presencia de muchos testigos, encomiéndalo a creyentes dignos de confianza, que a su vez estén capacitados para enseñar a otros».
2 TIMOTEO 2:2

Otros pasajes:
Mateo 9:36-38; 29:19-20
Hechos 1:8

se debe tener en cuenta que un líder puede cuidar alrededor de diez personas. El siguiente paso para aquellos grupos que tienen más de diez personas es crear un nuevo grupo.

El éxito en el liderazgo de un grupo pequeño se ve, en última instancia, en la viabilidad de los grupos nacientes. El objetivo no es solo comenzar un nuevo grupo, sino dar a luz un grupo saludable que produzca cambios de vidas. El nuevo grupo solo se puede considerar viable si con el tiempo produce el nacimiento de otro grupo. En este modelo, un líder experimentado es aquel que dio lugar al nacimiento de otros grupos, que a su vez dieron lugar al nacimiento de más grupos, por lo que será un líder con grupos pequeños «nietos».

Medios: busca y celebra

Un ministerio efectivo tiene lugar en una atmósfera de oración y celebración

«Y los discípulos quedaron llenos de alegría y del Espíritu Santo».

HECHOS 13:52

Otros pasajes:
Nehemías 8:9-12
Hechos 2:46-47; 8:4-8
Lucas 10:17,21

Dios es soberano y en su soberanía afirma que debemos orar. Los grandes logros son el resultado de grandes oraciones, los creyentes que conversan con su Padre celestial reciben lo que piden y cuando tocan, Dios abre la puerta. Los líderes tienen que orar como oró Jesús, en privado y también en público, de forma auténtica y también poderosa, específica y continuamente. Aquellos que buscan la bendición de Dios en su trabajo deben buscar dicha bendición por medio de la oración.

Observa, comunica, valora y celebra lo que hace Dios. Un clima de alegría y gozo debe primar en los encuentros relacionados con el ministerio.

Los triunfos del liderazgo deben ser una fuente de regocijo público como también privado. Las reuniones de los grupos pequeños no ocupan el lugar de reuniones con el propósito de exaltar públicamente a Dios, la enseñanza catalizadora de las Escrituras y relatar lo que él está haciendo entre los miembros de la iglesia en los grupos pequeños. Lo que sucede en el ámbito de los grupos pequeños debe transformar reuniones más grandes y viceversa.

DESARROLLO DE LOS SEGUIDORES FIELES

El propósito principal de los grupos pequeños es llevar a la gente hacia una mayor comunión con Cristo y transformarlos a su imagen. Pero a menudo escuchamos la pregunta: «¿Qué significa ser como Jesús?» A continuación veremos cómo es un seguidor de Cristo en términos de la iglesia local. Mientras lees, piensa primero en tu propio desarrollo. Luego, decide cómo te vas a desarrollar como seguidor de Cristo dentro de la iglesia.

¿Qué es un discípulo?

Dicho de la forma más sencilla, un discípulo es un aprendiz de Jesús

«El discípulo no es superior a su maestro, ni el siervo superior a su amo. Basta con que el discípulo sea como su maestro, y el siervo como su amo».

MATEO 10:24-25

En Willow Creek definimos el discipulado como «vivir como lo haría Cristo si estuviera en tu lugar». El discipulado, en términos generales, implica una vida de una dependencia transformadora del Espíritu Santo.

¿Cómo funciona un discípulo en la iglesia local?

Ya que tenemos la definición de discípulo, vamos a describir la actividad de uno dentro del contexto de la iglesia local. Cuando alguien se comporta como un seguidor de Cristo en la iglesia, se convierte en un «miembro activo» de dicho cuerpo local. En Willow Creek, un miembro activo (es decir, un seguidor o discípulo de Cristo) se describe como alguien que madura por medio de la gracia, el crecimiento, el grupo, los dones y una buena mayordomía.

Gracia

Los seguidores de Cristo han comprendido y recibido personalmente la gracia salvadora de Cristo. Han desistido de todos los intentos para ganar el favor de Dios por medio de cualquier obra propia y solo encuentran seguridad a través del sacrificio de la muerte de Cristo por ellos.

En obediencia al mandato de Cristo se han bautizado en agua, como creyentes que dan testimonio externo de su limpieza interna y de la renovación que han experimentado en él.

Los seguidores de Cristo también desean extender a otros la gracia que han recibido a través del evangelismo personal y la participación en el ministerio colectivo de la iglesia en su comunidad, su país y en todo el mundo.

La apropiación personal de la obra salvadora de Cristo.
EFESIOS 2:8-9

Crecimiento

Los seguidores de Cristo saben que la gracia de Dios que los ha salvado es solo el comienzo de su obra en ellos. Responden con gratitud al dedicarse activamente al proceso de crecimiento espiritual en Cristo que durará toda la vida y al interesarse en llegar a conformarse a su imagen. Para este propósito, alimentan constantemente su desarrollo espiritual a través de la oración, la adoración y el estudio de la Biblia.

Consideran la Biblia como la autoridad final en todos los aspectos que esta enseña y desean obedecerla completamente. Los seguidores de Cristo enfrentan con honestidad aquellos aspectos en los que existe algún pecado personal y se someten al poder del Espíritu Santo para abandonar el pecado.

La evidencia permanente de una vida que cambia buscando ser como Cristo.
2 PEDRO 3:18

Grupo

Un seguidor de Cristo honra el llamado de Dios para participar en la comunidad con el objetivo de crecer a la semejanza de Cristo, expresar y recibir amor y llevar a cabo el ministerio de la iglesia.

Por dicha razón, consideran una prioridad el asistir a las reuniones de la iglesia que tienen como propósito adorar, enseñar y participar en el sacramento de la santa cena y participan en un grupo pequeño con el propósito de animarse mutuamente, apoyarse y rendirse cuentas.

La relación con otras personas mediante lazos significativos.
HECHOS 2:46

Los seguidores de Cristo también

- cultivan las relaciones que honran a Cristo en el hogar, la iglesia y el mercado y han asumido el patrón bíblico de la reconciliación cuando surgen conflictos;

- apoyan el liderazgo de la iglesia y están bíblicamente sometidos a este;

- afirman y defienden las verdades fundamentales de las Escrituras (como se resumen en nuestra declaración de fe) y se limitan de promover otras doctrinas en formas que causen disensión.

Servir al cuerpo de Cristo según los dones espirituales y la pasión.

ROMANOS 12:6-8

Honrar a Dios financieramente mediante lo que damos a la iglesia y aquello con lo que nos quedamos.

FILIPENSES 4:11-19

Dones

Los seguidores de Cristo reconocen que la iglesia está compuesta de miembros interdependientes, cada uno con dones exclusivos del Espíritu Santo para edificar el cuerpo y fomentar el ministerio de la iglesia. Por lo tanto, buscan descubrir y desplegar esos dones que Dios les dio y buscan un lugar donde servir dentro de la iglesia con el apoyo y el consentimiento del cuerpo.

Buena mayordomía

Los seguidores de Cristo comprenden que han sido comprados con el precio de la sangre de Cristo y que todo lo que son y tienen le pertenece a él. A la luz de esto, desean ser guardianes responsables de los recursos materiales que Dios les ha confiado. Reconocen que el diezmo (el diez por ciento de las ganancias de uno) es el patrón histórico en las Escrituras acerca de ofrendar. Pero además, en respuesta al regalo abundante de Cristo, someten cada vez más sus recursos al señorío de él y muestran un espíritu de generosidad y alegría al apoyar la obra de la iglesia y al alcanzar con compasión a un mundo necesitado.

VISIÓN PARA LOS GRUPOS PEQUEÑOS

> *Convertirse en una iglesia donde nadie esté solo.*

Esta es nuestra visión para el trabajo con los grupos pequeños en Willow Creek:

Queremos que nuestra gente sepa que queremos convertirnos en algo: un lugar donde siempre hay un puesto en la mesa de la comunión. Somos el cuerpo de Cristo, la familia de Dios, una comunidad de seguidores fieles a Cristo y a su causa. Así que busquemos una mejor comprensión de qué cosa es «comunidad» y por qué queremos ver a toda la iglesia reunida en pequeñas comunidades.

Los grupos pequeños en el Nuevo Testamento

La comunidad es un tema presente en todas las Escrituras. Dios siempre ha estado llamando a la gente hacia sí, comenzando por Israel y continuando con la iglesia. Incluso cuando los judíos se dispersaron entre las naciones enemigas, durante el tiempo de la cautividad, se organizaban en grupos y finalmente formaron las sinagogas (comunidades judías para la adoración y la enseñanza), donde podían servirse unos a otros y poner en práctica sus creencias. Es normal, por lo tanto, que Jesús desarrollara una comunidad de seguidores y que Pablo, Pedro y otros fundadores de iglesias comenzaran nuevas comunidades dondequiera que iban proclamando el evangelio. Estas nuevas comunidades comenzaban como grupos pequeños, tal y como Jesús había modelado con los doce discípulos (Marcos 3:14; Lucas 6:12-19).

Los grupos pequeños eran una parte integral de la estructura de la iglesia primitiva. Eran lo suficientemente pequeños como para permitir que los miembros se ministraran unos a otros, usaran sus dones espirituales y fueran instruidos en las enseñanzas de Cristo. Además, eran comunidades vibrantes y dadoras de vida donde el evangelismo tenía lugar cuando la gente que no asistía a la iglesia veía actuar a una comunidad amorosa y compasiva. Los grupos pequeños no solo edificaron la iglesia como el primer ejemplo vivo de comunidad bíblica sino que eran vehículo para alcanzar a los perdidos para Cristo.

¿Qué es una comunidad bíblica?

Tal vez resulte más difícil definir la comunidad que practicarla. Así que, para expresarlo de forma sencilla, presentamos a continuación una amplia definición práctica.

DEFINICIÓN DE COMUNIDAD BÍBLICA:

«La comunidad cristiana es el cuerpo de Cristo que expresa la vida y mensaje de Cristo para edificarse mutuamente y redimir al mundo para la gloria de Dios».

La nueva comunidad que se formó en el día de Pentecostés comenzó a funcionar de inmediato en grupos pequeños. Estos grupos se dedicaron de todo corazón a la enseñanza de los apóstoles, a la comunión mutua, a celebrar juntos la cena del Señor y a orar los unos por los otros. Estas nuevas comunidades se caracterizaron por el apoyo mutuo, la rendición de cuentas, el servicio, el amor y la evangelización.

Los grupos pequeños son un lugar de ministerio mutuo entre los miembros. Cada miembro usa sus dones espirituales para servir a los otros miembros del cuerpo. El ministerio mutuo es una marca distintiva de una comunidad o un grupo pequeño que sigue a Cristo.

Un grupo pequeño se reúne para propiciar la comunión y el apoyo mutuo de modo que la iglesia pueda impactar la comunidad. Los miembros se animan y edifican mutuamente para que el cuerpo de Cristo reciba el cuidado que necesita y sea capaz de ejercer su influencia en el mundo a través de las buenas obras.

Los grupos pequeños existen para enseñar la verdad y desarrollar futuros líderes que puedan pastorear a otros e instruirlos en la fe. Con este objetivo, cada líder o mentor tiene un aprendiz que se está desarrollando para asumir una mayor responsabilidad y liderazgo.

La misión, los valores y la visión son importantes. El propósito de la iglesia es desarrollar seguidores fieles de Cristo en una comunidad bíblica. Una vez que esto queda claro, puedes comenzar a edificar una estructura que fomente dichos ideales.

«No dejaban de reunirse en el templo ni un solo día. De casa en casa partían el pan y compartían la comida con alegría y generosidad, alabando a Dios y disfrutando de la estimación general del pueblo».
HECHOS 2:46-47

«A cada uno se le da una manifestación especial del Espíritu para el bien de los demás».
1 CORINTIOS 12:7

«Preocupémonos los unos por los otros, a fin de estimularnos al amor y a las buenas obras. No dejemos de congregarnos, como acostumbran hacerlo algunos, sino animémonos unos a otros, y con mayor razón ahora que vemos que aquel día se acerca».
HEBREOS 10:24-25

«Lo que me has oído decir... encomiéndalo a creyentes dignos de confianza, que a su vez estén capacitados para enseñar a otros».
2 TIMOTEO 2:2

ESTRUCTURA

ESTRUCTURA DE LOS GRUPOS PEQUEÑOS

Se han desarrollado una serie de grupos pequeños para las muchas necesidades y niveles de madurez de los asistentes a una iglesia local. Casi siempre los grupos se forman alrededor de los aspectos de afinidad tales como el estado civil, la edad, el ministerio, las tareas, las necesidades personales, la etapa de la vida, etcétera. Aunque reconocemos la autonomía y la diferencia entre cada grupo pequeño, la mayoría de los grupos responden a las características de uno de los cinco que mencionamos a continuación.

	Basado en la edad/etapa de la vida	Basado en la necesidad	Basado en las tareas	Basado en los intereses
Ejemplos de grupos en esta categoría	Parejas, familias, grupos de hombres, de mujeres, de solteros	Grupos de recuperación, apoyo en el dolor, post aborto, etc.	Preparan las comidas, saludan a la gente, equipos vocales, equipos de misión, etc.	Deportes, computadoras, buscadores, ciclistas, etc.
Currículo	Lo escoge el líder/grupo	Especificados por el personal de la iglesia	Lo escoge el líder/grupo	Lo escoge el líder/grupo
Tiempo de vida típico del grupo	2-3 años; muchos continúan por más tiempo	Casi siempre nueve semanas; pueden repetirse	El tiempo que requiera la tarea	1-2 años; muchos continúan durante más tiempo
Frecuencia de las reuniones	2-3 veces al mes	Casi siempre una vez por semana	Casi siempre una vez por semana	2 veces al mes
La silla vacía	Sí, durante todo el tiempo de vida del grupo	Los grupos se cierran después de la tercera semana	Sí, pero depende de la naturaleza de la tarea	Sí, durante todo el tiempo de vida del grupo
Bienvenida a personas en la búsqueda espiritual	Sí	Sí	Sí (excepto equipos de juntas, ancianos, etc.)	Sí
Enfoque típico	Comunidad, estudio, oración	Sanidad, consuelo, relación	Servicio, comunidad, oración	Relación, comunidad, estudio
Papel del líder	Relacionar a las personas con la comunidad y con los cinco aspectos clave	Proveer un lugar seguro en una crisis	Completar la tarea y cuidar a los miembros	Relacionar a las personas con la comunidad y con los cinco aspectos clave
Frecuencia de nacimiento	Casi siempre cada 24 meses; si está listo el aprendiz	No es usual, los grupos solo duran nueve semanas	Tan frecuente como la tarea demande que se prepare a un aprendiz	Casi siempre cada 24 meses; si está listo el aprendiz
Aprendices	Sí	Sí	Sí	Sí

UN GRUPO PEQUEÑO TÍPICO

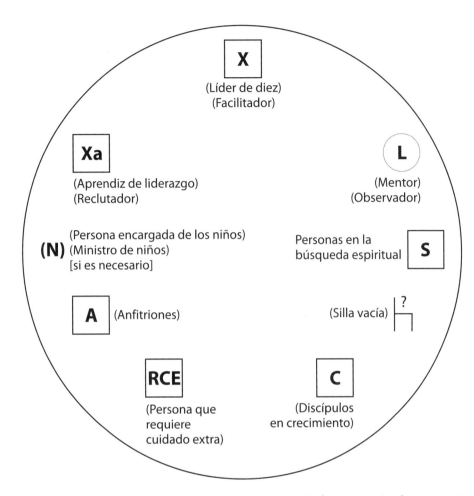

Arriba puedes ver una representación del grupo promedio de una comunidad. Como mencionamos anteriormente, usamos el modelo de un grupo pequeño que diseñó Carl George y que describió en su libro Prepare Your Church for the Future. El grupo diagramado arriba representa el grupo pequeño típico en el modelo de George. Es cierto que no todos los grupos tienen la estructura representada en el diagrama anterior; las iglesias han adaptado este modelo de varias maneras, dependiendo del ministerio y de las necesidades de los miembros. Pero esto debe darte una idea general de lo que es un grupo pequeño típico de adultos que practica la idea de la silla vacía y desarrolla aprendices de liderazgo durante todo el tiempo de vida del grupo.

Carl George usa la terminología que aparece a continuación para describir las diferentes funciones en un grupo pequeño. Emplea dicha terminología para que varias iglesias puedan referirse a los grupos pequeños usando el mismo vocabulario. Sin embargo, por lo general todas las iglesias tienen un nombre para cada una de las funciones que se especifican. Por ejemplo, aquellos que se identifican con la letra «X» (un líder de diez) se denominan «líderes de grupos pequeños». La «L» es la persona que tiene a su cuidado hasta cincuenta personas, responsable de velar hasta por cinco grupos pequeños. La «L» puede ser el «mentor». Revisa el diagrama mientras estudias las siguientes definiciones de cada término.

X   El líder de un grupo pequeño de hasta diez personas. El número romano «X» (diez) se usa para describir el límite del alcance de cuidados que el líder de un grupo pequeño debe tener en la iglesia. Con el objetivo de respetar ese número, ningún líder debe velar a más de diez personas.

Xa   Este es un aprendiz de liderazgo. Los aprendices aprenden a liderar participando en un grupo que dirija un líder capaz y con experiencia. Además, los aprendices nacientes (Xan) deben estar presentes en el grupo.

N   Esta es la persona encargada de los niños. Algunos grupos usan a una persona para cuidar a los niños en el mismo lugar de la reunión.

A   El papel del anfitrión (este debe variar de vez en cuando en el grupo) es proveer un ambiente seguro y amoroso para los encuentros del grupo.

RCE   Esto significa «Requiere Cuidado Extra». Cada uno de nosotros, en algún momento u otro, se convierte en alguien que necesita cuidados extras. Ya sea por el contexto familiar, los sucesos del pasado o una crisis del presente, la persona RCE necesita que Dios y el grupo le brinden una dosis especial de amor e interés. La mayoría de los grupos tiene uno o dos RCE en algún momento.

C   Esta letra representa los discípulos que crecen dentro del grupo. Estos son cristianos que están madurando en su fe.

La silla vacía   El cuadro de la silla vacía representa el deseo de la iglesia de asimilar e incluir a nuevas personas dentro de la estructura del grupo. De vez en cuando los grupos invitan y asimilan a nuevos miembros de modo que aquellos que deseen y necesiten discipulado y cuidado puedan incorporarse a la vida del grupo.

B   Algunos grupos están preparados para recibir a personas en la búsqueda espiritual. En tales casos, los líderes y miembros del grupo deben ser sensibles a las necesidades y al nivel de madurez espiritual de dichas personas.

L   Este es el mentor. Los mentores a menudo están a cargo de tres y hasta cinco grupos de líderes de grupos pequeños. Son responsables de la estructura de un grupo pequeño que puede incluir hasta cincuenta miembros de grupos pequeños. Los mentores visitan a los grupos de vez en cuando para animarlos, apoyarlos, resolver problemas y orar.

DIVISIÓN DEL GRUPO PEQUEÑO

A los líderes de un grupo pequeño y a los mentores no se les pide ministrar por su cuenta. Hemos diseñado una estructura en la cual se cuida a los líderes y a los mentores al igual que ellos cuidan de otros. Esta estructura es una «división» (o, en algunas iglesias, un «distrito». Un campo de ministerio dado, como por ejemplo, solteros, parejas, cuidados comunitarios, etc.) puede tener varias divisiones de grupos pequeños. Con algunas excepciones, cada división recibe la guía de un miembro del personal pagado de Willow Creek cuyo trabajo es proveer cuidado y apoyo a los mentores voluntarios y a los líderes de grupo pequeños en su división. Algunos líderes de división son voluntarios. Algunas funcionan como «Mentores mayores» que apoyan a otros mentores.

Como indica el diagrama siguiente, una estructura completa de apoyo se ha colocado en su lugar para asegurar que los líderes de grupo pequeños, o mentores, reciban el cuidado apropiado y la preparación para el ministerio. Cada líder de grupo pequeño tiene un mentor que lo apoya. Cada mentor tiene un líder de división (miembro del personal pagado) que lo apoye. En iglesias grandes, un líder de división puede tener un director del ministerio o líder de área para apoyarlos. Idealmente, ningún mentor debe trabajar con más de cinco grupos pequeños, ningún líder de división debe cuidar a más de diez mentores.

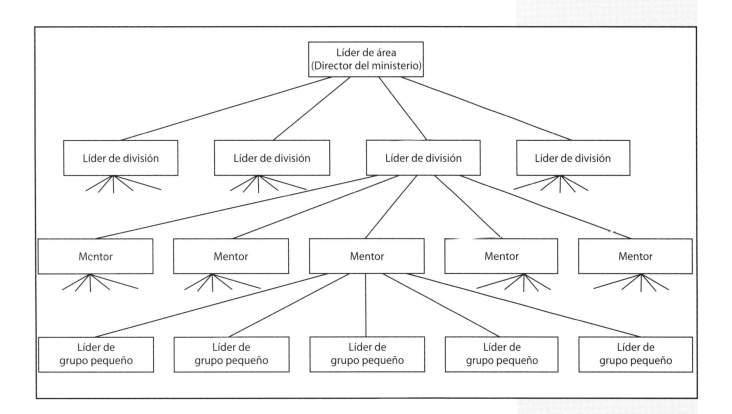

RECURSOS

Preguntas frecuentes acerca de los grupos pequeños

P   *¿Por qué usar este modelo de grupos pequeños?*

R   Este modelo puede usarse para satisfacer muchas necesidades clave en la iglesia: para pastorear y cuidar al gran número de asistentes en Willow Creek, para discipular a la gente, para asimilar a las personas nuevas y relacionarlas con la iglesia, para desarrollar nuevos líderes y capacitarlos para el ministerio y para «ser la iglesia» al crear pequeñas comunidades que se animan unas a otras en Cristo.

P   *¿Quién es la persona más importante en esta estructura?*

R   La persona más importante en la iglesia varía dependiendo de tus necesidades personales en un momento determinado. Por ejemplo, la persona más importante en la iglesia según la opinión de tu hijo o hija puede ser un líder de los jóvenes. O puede ser un consejero para una necesidad en particular. En vez de esto, nos referiremos a las personas más estratégicas de la iglesia. Las personas más estratégicas de la iglesia son los líderes de grupos pequeños y los mentores que llevan a cabo la misión con eficiencia al pastorear a los miembros y desarrollar a futuros líderes. Ellos son los agentes de cambio de vida de «la línea del frente» y tienen la mejor oportunidad para influir en la mayor cantidad de personas durante el mayor lapso de tiempo.

P   *¿Qué debemos enfatizar: el discipulado o el cuidado?*

R   La respuesta es «¡Ambos!» Ambos son necesarios, pero el énfasis varía. Queremos discipular a la gente: enseñarles las Escrituras, ayudarlos a desarrollar disciplinas espirituales, a comprender la fe cristiana y a convertirse en discipuladores de otros. Pero también queremos cuidar a la gente: orar por ellos, animarlos, satisfacer sus necesidades de afirmación y aceptación. De esta forma cumplimos la Gran Comisión (hacer discípulos de todas las naciones, Mt 28:18-20) y el Gran Mandamiento (amarnos los unos a los otros, Jn 13:34-35). El «pastoreo intencional» implica brindar cuidado y discipular.

RECURSOS ADICIONALES

Libros

Edificando una iglesia de grupos pequeños por Bill Donahue y Russ Robinson (Editorial Vida)

The seven deadly sins of small group ministry por Bill Donahue y Russ Robinson (Zondervan)

El Poder de la visión por George Barna (Peniel)
Un excelente recurso que contiene principios para cada líder que quiera desarrollar una visión para la vida y el ministerio.

Prepare your church for the future por Carl George (Revell)

Parte dos

LIDERAZGO
DE LOS GRUPOS PEQUEÑOS

A menudo decimos: «El liderazgo es el todo». Eso no significa elevar innecesaria-mente a los líderes, ya que los líderes son siervos. No obstante, por medio de las Escrituras y de la experiencia, sabemos que casi ningún ministerio se puede sostener durante mucho tiempo sin un líder con la inspiración de Dios que una a la gente a fa-vor de la causa y las anime durante el trayecto. Analízalos: Abraham, Débora, David, Pedro, Pablo, Febe, Lidia, entre otros, y te darás cuenta de que Dios trabaja a través de los líderes para pastorear a las personas y movilizar a su pueblo.

Los grupos pequeños necesitan líderes que tengan un llamado y que estén prepa-rados. En esta sección queremos ayudarte a comprender los increíbles privilegios y res-ponsabilidades que implica el liderazgo. También queremos ayudarte a comprender mejor qué es un líder de un grupo pequeño, cómo debe ser el ministerio de dicho líder y, por último, cómo aprender algo de «auto-liderazgo», lo que asegurará tu continuo crecimiento y eficiencia. Dejemos que comience la aventura.

EL LIDERAZGO BÍBLICO

EL LLAMADO A SERVIR

Ministerio y servicio son las palabras que en las Escrituras caracterizan al liderazgo. Aquel que no está dispuesto a servir no está listo para el liderazgo. Jesús fijó el patrón cuando dijo: «Porque ni aun el Hijo del hombre vino para que le sirvan, sino para servir y dar su vida en rescate por muchos» (Marcos 10:45). A menudo el liderazgo, incluso el liderazgo cristiano, se modela de acuerdo a patrones políticos o empresariales que destacan el componente organizacional del liderazgo.

Pero si analizas el patrón bíblico, observarás una perspectiva totalmente diferente. Te das cuenta de que los líderes son pastores que guían y sirven al rebaño, que cuidan y contribuyen al desarrollo de aquellos que le rodean. Los líderes toman la toalla del siervo (Juan 13:1-17) e imitan la vida y el liderazgo de Cristo. A continuación presentamos algunas de las características del liderazgo según se definen y se practican en las Escrituras.

Los líderes pastorean a otros

Algunos de ustedes tienen el don espiritual del liderazgo, algunos tienen el don de la enseñanza, otros tienen el don de la misericordia o del discernimiento. No importa la serie de dones que ustedes tengan, todos los líderes de grupos pequeños funcionan como pastores. Jesús se refirió a sí mismo como el Buen Pastor, uno que se preocupa por la salud del rebaño.

Cristo definió su ministerio de esta manera: «Yo soy el buen pastor; conozco a mis ovejas, y ellas me conocen a mí» (Juan 10:14). Él estuvo dispuesto a entregar su vida por amor a la causa, por amor a la comunidad. ¿Cómo se aplica esto en términos de grupos pequeños? En la Parte Seis contestaremos esa pregunta y nos referiremos a cómo pastorear a los miembros de tu grupo.

Los líderes trabajan juntos

Jesús colocó a sus seguidores en comunidades para desarrollar su capacidad de líderes. «Designó a doce... para que lo acompañaran y para enviarlos a predicar y ejercer autoridad para expulsar demonios» (Marcos 3:14, 15). Cuando llegó el momento de que participaran en el ministerio, los envió en grupos (los doce apóstoles en Mateo 10) y en parejas (Lucas 10:1). Cuando había alguna necesidad en la comunidad naciente, se designaban grupos y equipos para proveer un liderazgo de servicio basado en los dones (Hechos 6).

Al observar el desarrollo de la iglesia, notamos que la estructura del liderazgo siempre incluyó una pluralidad de líderes. Pablo designó ancianos para que guiaran a la iglesia cada vez que esta se establecía en alguna ciudad y, con frecuencia, él mismo trabajó con por lo menos uno o más compañeros en sus esfuerzos dentro del ministerio, e incluyó hombres y mujeres en su círculo de liderazgo (ver Romanos 16).

Los líderes de grupos pequeños imitan dicho liderazgo al trabajar con uno o más aprendices y servir juntos en comunidad. Al hacerlo, no llevamos solos el liderazgo y evitamos la tentación de convertirnos en la única persona que juega el papel de líder. En la Parte Tres hablaremos más acerca de los aprendices.

Los líderes son amorosos

Nunca te ganarás el derecho a liderar por completo a aquellos a quienes no ames. Las relaciones amorosas y solidarias forman la base de toda comunidad vibrante. Aquí los líderes marcan el paso, siguiendo el ejemplo de Cristo (Juan 13:1). El amor a Dios, a la iglesia, al grupo y a los perdidos son marcas que distinguen a los líderes en crecimiento. La gente está más dispuesta a recibir la verdad (incluyendo la corrección y la reprensión) cuando te interesas genuinamente en ellos.

Esfuérzate por entender los diferentes lenguajes del amor dentro de tu grupo. Gary Chapman menciona los cinco aspectos siguientes en el libro Los cinco lenguajes del amor:

- Palabras de afirmación

- Toque apropiado

- Hacer regalos

- Actos de servicio

- Pasar tiempo juntos

Conoce de verdad a las personas de tu grupo y expresa genuinamente tu amor sincero por ellas. En la mayoría de los casos acatarán tu liderazgo con gran entusiasmo.

 **OBJETIVOS CLAVE PARA SIERVOS LÍDERES**

- Pastorea imitando el amor y el espíritu de sacrificio de Cristo
- Divide el liderazgo y delega autoridad
- Ámalos y guíalos

«Para cambiar la vida de otros se necesita una vida en constante cambio».
JOE STOWELL

REQUISITOS DE LOS LÍDERES DE GRUPOS PEQUEÑOS

¿Quién está preparado para liderar un grupo pequeño? Para responder esta pregunta a menudo encontramos dos enfoques que dependen del punto de vista personal de lo que debe ser un grupo pequeño. Aquellos que consideran que los grupos pequeños son una maquinaria bien engranada para hacer discípulos quieren que los dirija el apóstol Pablo o alguien como la líder Priscila. Desde su punto de vista, los grupos tienen que estudiar la Biblia, preparar a los miembros para la vida cristiana, retarlos al servicio misionero y abarcar todos los aspectos de la teología cristiana. En el otro extremo se encuentran las personas que piensan que cualquiera que esté respirando y tenga un buen testimonio puede guiar un rebaño pequeño. La sabiduría aconseja que de alguna manera se comunique la importancia y la seriedad de pastorear a la gente para fomentar su crecimiento en la vida cristiana, pero también hay que reconocer que hasta los líderes dotados necesitan tiempo para adquirir todas las habilidades y el discernimiento para llevar a cabo un liderazgo eficiente.

Hemos identificado siete aspectos que deben tomarse en cuenta al asumir el reto del liderazgo o al desarrollar líderes potenciales. Estos requisitos deben considerarse como algo a lo cual aspirar y preguntar a los líderes potenciales si están dispuestos a crecer en cada uno de ellos. Tal vez quieras usar esto como una guía para tu liderazgo. (Como «requisitos mínimos» utilizamos nuestro proceso para ser miembro que nos ayuda a «pre-calificar» a los candidatos al liderazgo de grupos pequeños porque revela muchas cosas acerca de sus corazones y de sus actitudes hacia el servicio dentro del cuerpo.)

Relaciónate con Cristo

Todo creyente necesita relacionarse con Cristo todos los días, pero esto es especialmente cierto en el caso de los líderes de grupos. De Cristo obtenemos fortaleza y esperanza, confianza y limpieza. Ejerces mejor tu papel de líder cuando tienes una vida interior en constante crecimiento y desarrollas una intimidad con Cristo. Al hacerlo, puedes conducir a tu grupo hacia el mismo compromiso. Pablo dijo: «Imítenme a mí, como yo imito a Cristo» (1 Corintios 11:1). Pasa tiempo en la presencia de Dios y satisface tu alma de la necesidad de él cuando sufras o te sientas derrotado (ver Salmo 42:1).

Permanece fiel a tu llamado

En Jeremías 20:9 el profeta siente que Dios lo apremia a seguir predicando el difícil mensaje que debía transmitir al pueblo. Escucha sus palabras:

«Si digo: "No me acordaré más de él, ni hablaré más en su nombre", entonces su palabra en mi interior se vuelve un fuego ardiente que me cala hasta los huesos. He hecho todo lo posible por contenerla, pero ya no puedo más».

Jeremías tenía una misión que cumplir aunque estaba cansado o inseguro acerca de los resultados. Dios lo había elegido para que declarara su mensaje y Jeremías no podía detenerse.

No es probable que el liderazgo de un grupo pequeño se parezca al ministerio de Jeremías pero también requiere de un llamado, de saber que Dios está en el asunto y que te sostendrá durante los tiempos de luchas y dificultades. El llamado te hará sentir confiado y convencido de que estás haciendo lo correcto.

Protege tu carácter

Relacionarte con Cristo y permanecer fiel a tu llamado te ayudará mucho en esto. Pero además, los líderes tienen que prestar atención al corazón, a la integridad. Proverbios 4:23 exhorta al sabio: «Por sobre todas las cosas cuida tu corazón, porque de él mana la vida» (ver también Mateo 12:35). El líder debe ser sincero y digno de confianza, cuando la confianza se daña es difícil restablecerla.

El liderazgo es imposible si no existe la confianza. Pablo exhortó a un joven líder, Timoteo, a «que los creyentes vean en ti un ejemplo a seguir en la manera de hablar, en la conducta, y en amor, fe y pureza» (1 Timoteo 4:12). Deseaba que mantuviera su integridad y que su vida cristiana fuera un ejemplo para el resto de la iglesia. Tú también debes trabajar para proteger tu corazón de los pensamientos, acciones y actitudes que lo pueden corromper o endurecer. Examínate a ti mismo y participa en exámenes en grupo. Pregunta a la gente cuáles son las debilidades y las fortalezas de tu carácter; evalúa tu corazón ante Dios y por medio de las Escrituras.

«Jesús buscaba estar solo. Estos eran momentos para la oración, la reflexión o la tentación, momentos cuando Dios y sus ángeles lo ministraban. Estos eran momentos en los que invertía en la comunidad celestial para que su comunidad terrenal reflejara luego su relación con la celestial».
GARETH ICENOGLE, BIBLICAL FOUNDATIONS FOR SMALL GROUP MINISTRY

Cumple con tu compatibilidad

Algunos líderes están siguiendo a Cristo, permanecen fieles a su llamado y se esfuerzan por mejorar su carácter pero todavía siguen frustrados. Tal vez estén en el ministerio equivocado. 1 Corintios 12:4-7 deja claro que cada seguidor de Cristo tiene uno o varios dones que contribuyen al crecimiento del cuerpo de Cristo. Dicho don, combinado con las habilidades, la personalidad y las experiencias únicas que Dios te ha dado, florecerá en algunos aspectos del ministerio y se opacará en otros. Es importante que cada líder conozca el tipo de ministerio de los grupos pequeños que mejor se ajusta a la manera en que Dios lo creó.

Toma tiempo evaluar si encajas mejor con adultos o con niños, si vas a trabajar en alguna tarea o si te ocuparás de los necesitados, si vas a liderar un grupo de estudio o un proyecto de misiones. Todas estas cosas se llevan a cabo en comunidad y necesitan de líderes dotados que brinden lo mejor de sí para la causa.

Desarrolla tu competencia

Existen capacidades clave que se requieren para cada tipo de trabajo. Los líderes de grupos pequeños deben tener habilidades relacionales y pastorales o les resultará muy difícil guiar a una pequeña comunidad. Pablo quería que Timoteo se dedicara al estudio para que fuera un comunicador competente de la verdad de Dios. Dijo: «Esfuérzate por presentarte a Dios aprobado, como obrero que no tiene de qué avergonzarse y que interpreta rectamente la palabra de verdad» (2 Timoteo 2:15). Es muy importante ser bueno en tu ministerio.

Llegar a ser competente significa insistir en el desarrollo personal y en la preparación de las habilidades que se requieren para el ministerio donde desempeñas tu servicio. Aparte del tipo de grupo que dirijas, serán necesarias las habilidades básicas para trabajar con grupos pequeños, pero hay muchos ministerios que también requerirán una preparación específica. Identifica tus habilidades medulares y luego trabaja arduamente para desarrollar dichas competencias a medida que adquieres otras habilidades para el liderazgo.

Mantén tu compromiso

Jesús dijo a sus seguidores: «Nadie que mire atrás después de poner la mano en el arado es apto para el reino de Dios». Esas fueron palabras fuertes acerca de la devoción absoluta dichas a una audiencia que no comprendía el precio de seguir a Cristo y el nivel de compromiso que él desea. Los líderes prueban su amor a Jesús mediante el compromiso con sus seguidores (ver Juan 21:15-19).

Es fácil tener reuniones de grupo; es más difícil hacer discípulos. Los líderes de grupos pequeños sirven con un espíritu de compromiso, no de conveniencia. Se requiere valor, decisión y perseverancia cuando te sientes desanimado o cansado. Los líderes tienen que mantener su compromiso con la causa, con Cristo, con la iglesia y con las personas de su grupo. ¿Estás dispuesto a hacer lo que se necesita para liderar y cuidar a tu gente con eficiencia?

Incrementa tu capacidad

El agotamiento acaba con muchos líderes bien intencionados. Una vez más, escucha el consejo de Pablo a Timoteo: «Ten cuidado de tu conducta y de tu enseñanza» (1 Timoteo 4:16). Necesitamos doctrina sana y líderes sanos, líderes que tengan energía para llevar a cabo el ministerio. Los buenos líderes prestan mucha atención a sí mismos, vigilan sus vidas. ¿Estás cuidando de ti mismo emocional, espiritual y físicamente de modo que tengas energía y capacidad para guiar a tu grupo?

Nunca sacrifiques tu vida ni tu familia en el altar del ministerio. Dios no te quiere desgastado y exhausto en tu esfuerzo por servir a otros. Es cierto que hay épocas de problemas y dificultades, pero no puedes sostener un ministerio fructífero en medio de un cansancio permanente y una presión constante. A continuación te damos algunos consejos que te ayudarán a sostenerte y a evitar el agotamiento.

Primero, establece límites a tu tiempo y prioridades. Aprende a decir «No» sin considerar la decepción que puedas causar a otros. Segundo, crea un margen en tu vida. Planifica un espacio en tu calendario, deja libres tres o cuatro espacios de tiempo en tu calendario para dedicarlos a la diversión, a los amigos, al descanso y a la solución de las crisis que inevitablemente ocurrirán. Tercero, mantén llenas tus reservas. Practica la soledad y dedica tiempo a festejar. Llena tu tanque de gozo, descanso y una comunión prolongada con Dios.

Evaluación del liderazgo

Hemos incluido un «inventario del liderazgo» para que lo lleves a cabo de vez en cuando. Identifica los aspectos fuertes y celébralos. También toma nota de los aspectos que necesitas mejorar. Usa el cuadro que aparece abajo como una guía para determinar dónde podrías necesitar un nuevo enfoque o ayuda.

1 = necesitas un mejoramiento importante, 3 = mantengo mi estado actual, 5 = estoy progresando significativamente en este aspecto.

Relaciónate con Cristo	1	-----2	------3	------4	------5
Permanece fiel a tu llamado	1	-----2	------3	------4	------5
Protege tu carácter	1	-----2	------3	------4	------5
Cumple con tu compatibilidad	1	-----2	------3	------4	------5
Desarrolla tu competencia	1	-----2	------3	------4	------5
Mantén tu compromiso	1	-----2	------3	------4	------5
Incrementa tu capacidad	1	-----2	------3	------4	------5

Pasos a dar: Basado en la evaluación anterior, ¿dónde te está pidiendo Dios que concentres más energía en la próxima temporada de tu ministerio? ¿En qué aspectos puedes celebrar un progreso?

MOTIVACIONES PARA EL LIDERAZGO

Motivaciones correctas para el liderazgo

Servir a Cristo

«Hagan lo que hagan, trabajen de buena gana, como para el Señor y no como para nadie en este mundo, conscientes de que el Señor los recompensará con la herencia. Ustedes sirven a Cristo el Señor» (Colosenses 3:23-24).

Dar fruto

«Mi Padre es glorificado cuando ustedes dan mucho fruto y muestran así que son mis discípulos» (Juan 15:8).

Cuidar (pastorear) a otros

«Tengan cuidado de sí mismos y de todo el rebaño sobre el cual el Espíritu Santo los ha puesto como obispos para pastorear la iglesia de Dios, que él adquirió con su propia sangre» (Hechos 20:28).

Ser un ejemplo dentro del cuerpo

«Cuiden como pastores el rebaño de Dios que está a su cargo, no por obligación ni por ambición de dinero, sino con afán de servir, como Dios quiere. No sean tiranos con los que están a su cuidado, sino sean ejemplos para el rebaño. Así, cuando aparezca el Pastor supremo, ustedes recibirán la inmarcesible corona de gloria» (1 Pedro 5:2-4).

Usar tus dones para servir a otros

«Él mismo constituyó a unos, apóstoles; a otros, profetas; a otros, evangelistas; y a otros, pastores y maestros, a fin de capacitar al pueblo de Dios para la obra de servicio, para edificar el cuerpo de Cristo. De este modo, todos llegaremos a la unidad de la fe y del conocimiento del Hijo de Dios, a una humanidad perfecta que se conforme a la plena estatura de Cristo» (Efesios 4:11-13).

Comunicar el mensaje de la reconciliación

«... esto es, que en Cristo, Dios estaba reconciliando al mundo consigo mismo, no tomándole en cuenta sus pecados y encargándonos a nosotros el mensaje de la reconciliación. Así que somos embajadores de Cristo, como si Dios los exhortara a ustedes por medio de nosotros: "En nombre de Cristo les rogamos que se reconcilien con Dios". Al que no cometió pecado alguno, por nosotros Dios lo trató como pecador, para que en él recibiéramos la justicia de Dios» (2 Corintios 5:19-21).

Motivaciones incorrectas/impedimentos para el liderazgo

Auto-exaltación

«No te jactes de ti mismo; que sean otros los que te alaben» (Proverbios 27:2).

Sentirse importante o ganar prestigio

«Hablamos como hombres a quienes Dios aprobó y les confió el evangelio: no tratamos de agradar a la gente sino a Dios, que examina nuestro corazón. Como saben, nunca hemos recurrido a las adulaciones ni a las excusas para obtener dinero; Dios es testigo. Tampoco hemos buscado honores de nadie; ni de ustedes ni de otros» (1 Tesalonicenses 2:4-6).

Porque alguien te presionó

«Cuiden como pastores el rebaño de Dios que está a su cargo, no por obligación ni por ambición de dinero, sino con afán de servir, como Dios quiere» (1 Pedro 5:2).

Enojarse con facilidad o exhibir arranques de ira

Santiago nos dice que la ira humana no produce la vida justa que Dios quiere (Santiago 1:19-20). La obra de Dios se lleva a cabo por parte de aquel que escucha con atención, habla solo cuando es necesario y no se enoja con facilidad. Los líderes controlan su ira o la canalizan como es debido. La ira debe desecharse o controlarse adecuadamente (Gálatas 5:20; Efesios 4:31; Colosenses 3:8).

Pecado sin confesar

Dios nos manda a confesar nuestros pecados. Juan dice: «Si confesamos nuestros pecados, Dios, que es fiel y justo, nos los perdonará y nos limpiará de toda maldad» (1 Juan 1:9). Cualquier pecado que nos controle (Romanos 6:16) tenemos que confesarlo y traerlo ante el señorío de Cristo (Hechos 2:38). Si hay algún pecado significativo en la vida de un líder y este no lo resuelve de una manera apropiada, podría quedar descalificado.

Errores bíblicos o falsas enseñanzas

Pablo le escribió a Timoteo y lo advirtió acerca de los falsos maestros que alejan a la gente de las palabras de la fe y de la sana doctrina: «Porque llegará el tiempo en que no van a tolerar la sana doctrina, sino que, llevados de sus propios deseos, se rodearán de maestros que les digan las novelerías que quieren oír. Dejarán de escuchar la verdad y se volverán a los mitos» (2 Timoteo 4:3-4).

Dios llama y capacita a los líderes para que edifiquen a otros, faciliten su crecimiento y los guíen con su ejemplo en obediencia y carácter. La calidad del ministerio es directamente proporcional a la calidad del liderazgo.

«Pienso que debería aceptar como una regla bastante confiable que aquel que tenga la ambición de ser líder esté descalificado para serlo».

A.W. TOZER

RESPONSABILIDADES DEL LIDERAZGO

EL COMPROMISO DEL LÍDER DE UN GRUPO PEQUEÑO

Antes de que alguien piense en convertirse en un líder, debe reunir algunas condiciones esenciales. Debe completar el formulario de aplicación para ser líder de un grupo pequeño y entregarlo al líder del ministerio o al director de grupos. En Willow Creek, aquellos que quieren liderar un grupo pequeño tienen que estar completamente de acuerdo con las siguientes declaraciones:

- Confieso que Jesucristo es mi perdonador y mi guía (Salvador y Señor).

- Considero la Biblia como la guía que rige mi fe y mi vida.

- Soy un miembro activo de la iglesia.

- Estoy de acuerdo en entrar en la estructura de liderazgo de grupos pequeños y cumplir con los requisitos de un líder.

RESPONSABILIDADES DEL LIDERAZGO DE LOS GRUPOS PEQUEÑOS

Los líderes eficientes de grupos pequeños se enfocan en las siguientes cuatro tareas principales:

Edificar un equipo de liderazgo

Tu equipo de liderazgo debe estar conformado por ti y por al menos un aprendiz al que tú guiarás y prepararás. (También debes buscar un anfitrión o anfitriona para las reuniones del grupo.)

1. Desarrolla una clara visión para tu grupo.

    a. Conoce tu propósito (Marcos 3:14).

    b. Comunica tu pasión a otros (Nehemías 2:17-18).

2. Escoge una persona que desarrollarás mientras lideras tu grupo (un aprendiz).

    a. Escoge a alguien que tenga el deseo de demostrar las características de líder de un grupo pequeño y que desee ayudar a otros a crecer espiritualmente (2 Timoteo 2:2).

    b. Involucra a tu aprendiz en la mayor cantidad posible de tus actividades de liderazgo. Pasa tiempo con esa persona para desarrollarlo o desarrollarla (Mateo 4:18-22; Marcos 3:13-15; 2 Timoteo 3:10).

3. Recibe la preparación necesaria para ser líder de un grupo pequeño y continúa creciendo espiritualmente como líder.

a. Participa en:

- breves reuniones con tu instructor para informarte, solucionar problemas, recibir apoyo, hablar del liderazgo y celebraciones

- actividades de capacitación cuando sean necesarias o cuando tu instructor las recomiende

- retiros anuales para líderes de grupos pequeños

b. Asegúrate de regularmente pasar un tiempo con las Escrituras y en oración (Salmo 1:1-3; Hechos 1:13-14). No puedes dar lo que no tienes. Solo los líderes que crecen producen cristianos que crecen. Pídele a Dios que te enseñe y que te dé una visión para tu grupo.

c. Estudia este libro con tu líder (instructor, líder de división o director de ministerio).

Relaciona a la gente con la comunidad

Como líder del grupo, puedes facilitar la auto-revelación, la comprensión y la aplicación de las Escrituras y el cuidado y apoyo mutuos.

1. Usa la silla abierta para invitar a otros a tu grupo. Hay muchas personas que se relacionan con los miembros de tu grupo y no se han relacionado con la iglesia.

   a. Presenta a las personas que no se conocen entre sí.

   b. Invita a posibles nuevos miembros a una reunión social con tu grupo.

   c. Decide cómo incorporar nuevos miembros al grupo. Tal vez necesites proyectar la visión de que el crecimiento es saludable y normal en un buen grupo.

2. Crea un ambiente que favorezca las relaciones auténticas.

   a. Usa rompehielos para crear una atmósfera divertida y dinámica.

   b. Usa ejercicios apropiados de revelación personal de modo que las personas puedan conocerse entre sí.

   c. Celebra algunas reuniones sociales o proporciona oportunidades para el servicio con el objetivo de fortalecer la amistad entre los miembros y crear recuerdos.

   d. Promueve y modela la responsabilidad dentro del grupo y los unos con los otros.

3. Diseña actividades y debates sobre la Biblia que promuevan la transformación espiritual y las relaciones grupales.

   a. Escoge un currículo que promueva debates, no solo respuestas a las preguntas (ver el material que aparece en la Parte cinco de este libro: Selección y uso del currículo adecuado).

«Lo que me has oído decir en presencia de muchos testigos, encomiéndalo a creyentes dignos de confianza, que a su vez estén capacitados para enseñar a otros».

PABLO A TIMOTEO
2 TIMOTEO 2:2

b. Cuenta historias para relacionar el texto a la experiencia y a las necesidades de las personas.

c. Divídanse en grupos más pequeños para que todos puedan participar, especialmente si tu grupo tiene más de seis o siete personas.

4. Divide las responsabilidades de la enseñanza, la dirección de los debates, las actividades sociales, la oración y el servicio con miembros dotados de tu grupo. No creas que tienes que hacerlo todo. Involucra a tu aprendiz.

Es posible que en el grupo haya personas más capaces que tú en algunos aspectos. Permite que ejerzan sus dones en el grupo, tales como la enseñanza, la dirección de la adoración, de la oración, la organización de actividades o proveer cuidados.

Desarrollo de los miembros de tu grupo

Tu responsabilidad espiritual es cuidar y alimentar a los miembros de tu grupo para que se conviertan en fieles seguidores de Cristo y en miembros activos de la iglesia. Pastoréalos con gracia y habilidad.

1. Ora por cada miembro de tu grupo (Filipenses 1:3-11; Colosenses 1:9-12).

2. Sigue de cerca, con amor, a los miembros del grupo (1 Pedro 5:1-3). Esto significa estar al tanto del bienestar de cada miembro, de la misma forma que te preocupas de tu propio bienestar (Filipenses 2:4, 20-21).

3. Modela la vida de Cristo ante tu grupo. Sírvelos como Cristo sirvió a sus seguidores con actos de bondad (Juan 13:1-5). Ayúdalos a crecer y animarse unos a otros para vivir cada momento de su vida como Cristo lo habría hecho.

4. Ayuda a los miembros a descubrir cómo servir a otros usando sus dones y desarrollando un corazón de siervo (Efesios 4:12).

5. Ayúdalos a crecer en los cinco aspectos clave. Trabaja para que Cristo se forme en ellos (Gálatas 4:19).

Multiplicación del ministerio

A medida que Dios añada personas al grupo, será necesario pensar en crear un nuevo grupo con el objetivo de proveer el cuidado apropiado que cada persona requiere y permitir que otros dentro de la iglesia experimenten un cambio en sus vidas. Esto solo debe hacerse cuando consideres que el nuevo grupo está listo para nacer y cuando el aprendiz está adecuadamente preparado.

1. Desarrolla a tu aprendiz proporcionándole oportunidades para ejercer el liderazgo y personas para pastorear. Es probable que dichas personas se unan al aprendiz para formar el núcleo del nuevo grupo.

2. Permite que el aprendiz dirija un subgrupo durante las reuniones. Así adquirirá experiencia y esto lo preparará para crear un nuevo grupo.

3. Exhorta a las personas para que oren acerca de la creación del nuevo grupo y quiénes formarán parte de él.

4. Comisiona al nuevo líder y al nuevo grupo y ¡celebra la nueva comunidad que está naciendo!

Habilidades clave para los líderes de grupos pequeños

A continuación presentamos las cuatro categorías principales para desarrollar habilidades en líderes de grupos pequeños. En cada categoría se incluyen ejemplos de estas habilidades clave. Como puedes ver, estas categorías se relacionan con los aspectos de responsabilidad en la descripción de trabajo.

Edificar el liderazgo

- Guiar el desarrollo del carácter
- Lanzar la visión
- Saber por qué y cómo desarrollar a un aprendiz
- Ejercer la función de mentor
- Dirigir la logística del grupo
- Ser ejemplo de responsabilidad

Relacionar a la gente

- Planificar una reunión
- Hacer buenas preguntas
- Dirigir los debates
- Usar la Biblia en grupos
- Elegir el currículo
- Iniciar las reuniones de manera creativa
- Buscar maneras creativas para las oraciones en grupo
- Evaluar el progreso

Desarrollar a los miembros

- Cuidarse unos a otros fuera de las reuniones.
- Edificar relaciones
- Orar por los miembros
- Resolver conflictos
- Satisfacer necesidades especiales
- Servir juntos
- Practicar las habilidades de escuchar a otros
- Promover el crecimiento

Multiplicar el ministerio

- Llenar la silla vacía
- Promover el nacimiento de un nuevo grupo
- Minimizar el trauma del nacimiento de un nuevo grupo
- Dividirse en subgrupos

CRECIMIENTO PERSONAL

CÓMO ESTUDIAR LA BIBLIA

La mayoría de los métodos de estudio bíblico enfatizan lo que la Biblia dice y lo que la Biblia significa. Pero la mayor parte de la Biblia, al leerla en su contexto, contiene verdades obvias que se deben aplicar en la vida. Emplea la mayor parte de tu tiempo en la aplicación. Limita tu tiempo de estudio a un pasaje no tan extenso y pasa tiempo meditando y orando para que Dios te guíe en la manera en que debes vivir esa verdad. Debate tus opiniones con otras personas que te puedan motivar al amor y a las buenas obras (Hebreos 10:24-25).

A continuación presentamos un conocido enfoque para el estudio básico de la Biblia que te ayudará personalmente a medida que profundizas en las Escrituras.

Observación (¿Qué dice el texto?)

Usa varias traducciones

Lee todo el pasaje varias veces. Procura usar diferentes traducciones (NVI, TNVI, LABL, Reina Valera, etc.) para tener diferentes perspectivas sobre el mismo pasaje. Esto te ayudará a identificar palabras clave y a interpretar mejor el texto.

Contexto

Contesta por escrito las siguientes preguntas:

1. ¿Quién está escribiendo/hablando y a quién? ¿Cuál es su relación?

2. ¿Cuál es el tema? ¿Qué está pasando?

3. ¿Dónde tiene lugar el suceso o la comunicación?

4. ¿Cuándo tiene lugar dicho suceso y qué acontecimientos ocurrieron en esa época?

5. ¿Por qué el hablante dice lo que dice? (¿Qué problemas estaban enfrentando los destinatarios?)

6. ¿De qué forma ese pasaje se ajusta al contexto? (Por ejemplo: ¿Qué sucedió antes y después? ¿Cómo Dios está usando esto para hablarme?)

Estructura

Examina la estructura del pasaje y toma nota de todas las palabras significativas que relacionan las oraciones y que te ayudan a comprender el argumento del autor (por ejemplo: «por tanto», «pero», «y», etc.). Trata de parafrasear el pasaje con tus propias palabras. ¿Hay algunas palabras clave que te ayudan a comprender el énfasis del autor?

«La Palabra de Dios ilumina. Penetra a través de nuestras nubes de auto-decepción y muestra las cosas como son en realidad. Se necesita valor para entrar de esta forma en la luz».

JIM PETERSON
LIFESTYLE DISCIPLESHIP

Estudio de las palabras

Haz una lista con todas las palabras clave del pasaje y, para comprender su significado, usa un diccionario bíblico como *Vine: Diccionario expositivo de palabras del Nuevo y Antiguo Testamento, Diccionario Ilustrado de la Biblia, Nuevo Diccionario Bíblico, Diccionario Bíblico Mundo Hispano* o una buena Biblia de estudio como la *Biblia de estudio NVI*.

Preguntas

Responde las siguientes preguntas a medida que estudias el pasaje:

1. ¿Cuáles son los mandatos que debo obedecer?

2. ¿Cuáles son las promesas que puedo confiar que Dios cumplirá?

3. ¿Qué aprendo acerca de Dios? ¿De Jesús? ¿Del Espíritu Santo? ¿De mis hermanos en la fe?

4. ¿Hay algunas palabras, ideas o temas que se repiten?

5. ¿Hay algunas comparaciones/contrastes (por ejemplo: «la carne» vs. «el espíritu» en Romanos 8)?

6. ¿Hay alguna lista (como la del fruto del Espíritu en Gálatas 5:22-23)?

7. ¿Hay alguna relación causa/efecto (como en Romanos 10:14-18)?

   Interpretación (¿Qué mensaje transmite el texto?)

Verdades

Haz una lista de las verdades específicas que encuentras en el texto. Bombardea el pasaje con preguntas que tengan que ver con el significado. Continúa versículo por versículo, comprobando tu comprensión al formularte preguntas como: «¿Qué quiere decir esto?, ¿Por qué es importante entender esto?, ¿Qué tiene que ver esto con la audiencia original?, ¿Qué es lo contrario a esta verdad?, ¿Cuándo debe aplicarse esto?, ¿Cómo debo aplicarlo en mi vida?»

Acude a las referencias para que te ayuden a interpretar el pasaje. Además, confía en el Espíritu Santo como tu maestro. Ora, pídele que te revele la verdad de Dios.

Comentarios

Consulta algunos comentarios y toma nota de las explicaciones que ofrecen de las que no te hayas percatado. Acude a maestros sabios o a líderes de la iglesia para conocer su perspectiva. Pídeles a los miembros de tu grupo que estudien el pasaje contigo.

Tema

Redacta en una oración la idea o el punto principal que creas que el autor está tratando de transmitir. Puede que quieras escribir dos o tres puntos principales que descubriste en el desarrollo del tema.

Aplicación
(¿Dejaré que las Escrituras transformen mi vida?)

Enseñanza

Pregúntate: «¿Cómo esta verdad cambiará mi vida, mi iglesia, mi familia y mi trabajo?»

Reproches

Pregúntate: «¿Dónde estoy fallando? ¿Por qué estoy fallando? ¿Cómo podemos evaluarnos como grupo?»

Corrección

Pregúntate: «¿Qué haré con respecto a eso? ¿Qué voy a corregir? ¿Cómo otros podrían ayudarme a resolver esto?»

Preparación en cuanto a la justicia

Pregúntate: «¿Qué prácticas, relaciones y experiencias debo adquirir para aprender a ser como Cristo?»

EJERCICIOS ESPIRITUALES

¿Por qué los ejercicios espirituales son tan importantes?

El apóstol Pablo compara la vida cristiana con correr en un maratón. Corremos para ganar, con la vista puesta en lo que está delante, siempre esforzándonos para llegar a la meta, al premio que Dios ofrece mediante su llamamiento celestial en Cristo Jesús. El corredor, como el cristiano, tiene un objetivo, una estrategia y una meta (1 Corintios 9:24-27; Filipenses 3:12-14). Una carrera requiere resistencia, diligencia, preparación y disciplina. Si fuéramos corredores, jamás nos atreveríamos a entrar en una carrera sin el entrenamiento apropiado. En el entrenamiento aprendemos a seguir ciertas prácticas que nos capacitarán para resistir durante la carrera.

En 1 Corintios 9:24-27, Pablo dice: «¿No saben que en una carrera todos los corredores compiten, pero sólo uno obtiene el premio? Corran, pues, de tal modo que lo obtengan. Todos los deportistas se entrenan con mucha disciplina. Ellos lo hacen para obtener un premio que se echa a perder; nosotros, en cambio, por uno que dura para siempre. Así que yo no corro como quien no tiene meta; no lucho como quien da golpes al aire. Más bien, golpeo mi cuerpo y lo domino, no sea que, después de haber predicado a otros, yo mismo quede descalificado».

Las «disciplinas» o ejercicios espirituales te ayudarán a vivir la vida cristiana con autenticidad, resistencia y perseverancia. Las disciplinas se practican como

«Toda la Escritura es inspirada por Dios y útil para enseñar, para reprender, para corregir y para instruir en la justicia, a fin de que el siervo de Dios esté enteramente capacitado para toda buena obra».
2 TIMOTEO 3:16-17

una preparación para escuchar la voz de Dios. Te preparan para la carrera que pretendes correr. Hebreos 5:8 dice que Jesús «mediante el sufrimiento aprendió a obedecer». Practicar las disciplinas te prepara para encontrarte con Dios y conocer su voluntad, para resistir la tentación, establecer relaciones de amor cristiano, tomar decisiones sabias y piadosas, amar a tu familia y ser un líder en tu campo ministerial. Recibir suficiente disciplina como para terminar la carrera implica un gran gozo. Al final de su vida, Pablo escribió: «He peleado la buena batalla, he terminado la carrera, me he mantenido en la fe. Por lo demás me espera la corona de justicia que el Señor, el juez justo, me otorgará en aquel día; y no sólo a mí, sino también a todos los que con amor hayan esperado su venida» (2 Timoteo 4:7-8). Así como Pablo, sé un líder que termine bien su carrera.

¿Cuáles son las disciplinas espirituales?

Dallas Willard, en *The Spirit of the Disciplines* y Richard Foster, en *La disciplina*, compilaron una lista de disciplinas y prácticas espirituales que ellos consideran que están presentes en la vida de Cristo. Estas disciplinas están casi siempre organizadas en dos categorías: las disciplinas de la abstinencia (o «soltar») y las disciplinas del compromiso de la participación.

Las disciplinas de «soltar»

Estas prácticas nos permiten renunciar a algo con el objetivo de ganar algo nuevo. Nos abstenemos del «ajetreo» en el ministerio, la vida familiar y el trabajo. Dejamos de hablar durante un tiempo para escuchar a Dios. Nos limitamos de comprar otra posesión material para experimentar a Dios con mayor plenitud. 1 Pedro 2:11 advierte que «se aparten de los deseos pecaminosos que combaten contra la vida». Identifica aquello que te está impidiendo experimentar mayor fuerza y perspectiva. ¿Hablas demasiado? ¿Te están controlando las posesiones materiales? ¿Estás demasiado preocupado por lo que otros piensan? Escoge disciplinas que te ayuden a aumentar tu dependencia de Dios.

La soledad: Pasa un tiempo a solas para estar con Dios. Busca un lugar tranquilo para estar solo con Dios durante un tiempo. Usa la Biblia como fuente de compañerismo con Dios. Escúchalo. Permanece solo y tranquilo.

El silencio: Elimina las distracciones bulliciosas para escuchar a Dios. Encuentra un lugar tranquilo lejos del ruido para escuchar a Dios. Escribe tus pensamientos e impresiones a medida que Dios dirige tu corazón. El silencio puede tener lugar incluso en medio del ruido y la distracción. Pero tienes que centrar la atención en tu alma. Esto podría implicar hablar menos o solo cuando sea necesario. Y podría implicar apagar la radio y la televisión.

El ayuno: Salta una o varias comidas para alimentarte mejor de Dios. Escoge un tiempo en el que no pruebes alimento. Toma agua y, si es necesario, toma suplementos vitamínicos. Siente el dolor de tener el estómago vacío y depende de Dios para que te llene con su gracia.

La frugalidad: Aprende a vivir con menos dinero sin dejar de satisfacer tus necesidades básicas. Antes de comprar algo nuevo, escoge privarte de eso o elige una alternativa menos costosa que satisfaga tus necesidades básicas. Vive una vida sencilla y centrada.

La castidad: Escoge voluntariamente el abstenerte de los placeres sexuales durante un tiempo (aquellos placeres que son moralmente correctos dentro de los lazos del matrimonio) para encontrar una mayor plenitud en Dios. Decidan juntos, como pareja, establecer un tiempo para abstenerse de los placeres sexuales con el objetivo de experimentar una relación más profunda con Dios en oración.

«… (las disciplinas espirituales) tienen como objetivo traer la abundancia de Dios a nuestras vidas. Sin embargo, es posible convertirlas en otra serie de leyes que matan el alma. Las disciplinas atadas a la ley huelen a muerte».

RICHARD FOSTER
CELEBRATION OF DISCIPLINE

El secreto: Evita la auto-promoción, practica el servicio a Dios sin que otros lo sepan. Da en secreto. Sirve «detrás de las cámaras» en un ministerio que estés seguro que pocos conocen.

El sacrificio: Dar de nuestros recursos más allá de lo que parece posible para recordarnos nuestra dependencia de Cristo. Escoge dar a Dios más tiempo o dinero de lo que le darías normalmente.

Disciplinas del compromiso de la participación

Dallas Willard escribe: «Las disciplinas de la abstinencia deben balancearse y complementarse con las disciplinas del compromiso (la actividad)». Es proponerse participar en actividades que alimentan nuestra alma y nos fortalecen para la carrera que tenemos por delante.

Estudio: Pasa un tiempo leyendo las Escrituras y medita en su significado e importancia para nuestras vidas. Las Escrituras son la fuente de fortaleza espiritual. Escoge un horario y un lugar para alimentarte de ellas con regularidad.

Adoración: Ofrece alabanza y adoración a Dios. Su alabanza debe estar continuamente en nuestra boca y en nuestro pensamiento. Lee salmos, himnos o cánticos espirituales, o canta a Dios todos los días junto con una grabación de alabanzas. Mientras piensas en la obra y la presencia de Dios en tu vida ten siempre presente la alabanza.

Servicio: Escoge ser un siervo humilde como Cristo lo fue con sus discípulos cuando les lavó los pies. Busca oportunidades para servir en la iglesia y en la comunidad. Aprende a llevar a cabo actos de bondad que de otra forma podrían pasar por alto (ayudar a alguien a limpiar el patio, limpiar una casa, hacer compras, hacer una diligencia, etcétera).

Oración: Habla y escucha a Dios acerca de tu relación con él y acerca de las preocupaciones de otros. Busca tiempo para orar a Dios sin la distracción de las personas o las cosas. Combina tu tiempo de oración y meditación en las Escrituras para enfocarte en Cristo.

Comunión: Cuidado mutuo y el ministerio en el cuerpo de Cristo. Reúnete regularmente con otros cristianos con el objetivo de encontrar vías para ministrar a otros. Anímense unos a otros.

Confesión: Confiesa regularmente tus pecados a Dios y a otras personas de confianza. Tan a menudo como reconozcas algún pecado en tu vida, confiésalo al Señor y a quienes pudieras haber ofendido.

Sumisión: Humíllate ante Dios y ante otros y a la vez cultiva la responsabilidad en tus relaciones. Busca hermanos o hermanas fieles en Cristo que, con amor, te pidan cuentas de tus acciones y de tu crecimiento en Cristo.

CONVERTIRSE EN UN CRISTIANO QUE CONTAGIE

Una de las emociones más grandes que se puedan experimentar en la vida es comunicar el evangelio y ver cómo la gente se convierte en discípulos de Cristo. Para ser un comunicador eficiente del evangelio y para comprender tu estilo personal de evangelización, te recomendamos el curso de preparación y el libro Conviértase en un cristiano contagioso. ¡Incluso, será una gran idea motivar a tu grupo para que estudie este curso!

Con el objetivo de prepararte mejor para comunicar tu fe, hemos incluido a continuación algunos de los conceptos básicos de dicho curso. Puedes considerarlo una preparación para usar el material Conviértase en un cristiano contagioso. Conocerás los conceptos básicos y la guía para usarlo como una forma de comunicar tu fe.

Comunicación eficiente del evangelio

La evangelización debe ser natural

Algunas personas creen que necesitas el don de evangelismo para ser un comunicador eficiente de la fe. Pero las Escrituras son claras. Pablo exhortó a Timoteo y a los miembros de la iglesia en Éfeso a «dedicarse a la evangelización» (2 Timoteo 4:5). Una vez que comprendas tu estilo de evangelización, serás más eficiente al hacer el «trabajo de evangelista».

Puede que tu estilo no sea el mismo de otras personas, pero la responsabilidad de comunicar nuestra fe es de cada uno de nosotros. Algunos utilizan un estilo polémico, otros uno intelectual y otros, relacional. Pero cualquiera que sea tu estilo, recuerda comportarte con naturalidad y ser tú mismo. El material Conviértase en un cristiano contagioso te ayudará a identificar tu estilo y a usarlo con eficiencia.

La evangelización es relacional

Comienza por hacer amistades con personas que estén alejadas de Dios. La mayoría de nosotros necesita establecer relaciones con la gente antes de hablarles del evangelio. Una vez más, el material Conviértase en un cristiano contagioso te brindará formas de desarrollar relaciones auténticas con amigos y parientes perdidos.

La evangelización debe ser verbal

Romanos 10:14 hace la pregunta: «¿Cómo invocarán a aquel en quien no han creído? ¿Y cómo creerán en aquel de quien no han oído? ¿Y cómo oirán si no hay quien les predique?» En última instancia, tenemos que presentar a Cristo en una conversación en la que comuniquemos los hechos del evangelio de Cristo ya sea por medio de nuestro testimonio personal, leyendo las Escrituras o utilizando algún otro método.

La evangelización debe ser en equipo

Todo tipo de evangelización debe incluir el paso de invitar a alguien a campañas o reuniones de evangelismo. Las iglesias tienen que movilizar todos los recursos disponibles para crear programas atractivos, enfocados en las personas que están en la búsqueda espiritual. No tienes que comunicar tu fe solo. Usa los recursos de tu iglesia para contribuir a que la gente escuche el evangelio en diferentes formas y presentaciones.

Como un ejemplo de una conversación con una persona en la búsqueda espiritual, nos enfocamos en Jesucristo, en Juan 4, cuando se encuentra con la mujer samaritana en el pozo. A medida que avanzas en la lectura de este pasaje se hacen obvios algunos principios. Aunque Cristo comunicó el evangelio de diferentes formas a diferentes personas, este es un buen ejemplo básico de los componentes que deben estar presentes al comunicar la fe cristiana.

Características de una conversación Cristocéntrica para evangelizar: Juan 4

1. vv. 1-8: Jesús busca la relevancia cultural.

    a. Habla su idioma. En esa cultura, el agua era un importante tema de conversación.

    b. Encuentra una necesidad que la persona tenga en ese momento. Esta mujer estaba sola y avergonzada de su vida pasada.

2. vv. 9-10: Jesús despierta la curiosidad del oyente.

    a. Haz buenas preguntas, escucha, no hables solo tú, deja que la otra persona piense y hable.

    b. En un momento de la conversación, Jesús preguntó: «¿Cuál crees que sea el agua viva?» No seas siempre el único que habla. Las personas en la búsqueda espiritual se «apagan» con los profesores que tienen todas las respuestas; escúchalas y bríndales la oportunidad de hablar acerca de sus preocupaciones.

3. vv. 11-12: Jesús despierta el interés al ofrecer soluciones para las necesidades más profundas de la gente.

    El asunto es la persona de Jesucristo. Pero la gente se enfoca en sus necesidades (en este caso, el agua). Jesús encuentra un punto en común en el aspecto de la necesidad (el agua) y se solidariza con el problema. La solidaridad es clave para el desarrollo de cualquier relación de confianza.

4. vv. 13-15: Jesús se brinda para satisfacer la necesidad de la persona.

    Jesús da un giro al debate para enfocarlo en sí mismo como la solución a nuestro problema espiritual (el pecado). Pero la mujer quiere la solución sin ver el problema real: el pecado. Todavía está enfocada en la necesidad que tiene en ese momento.

5. vv. 16-18: La conversación de Jesús conduce a una convicción personal de pecado.

    Conducimos a la persona hacia la cruz. Es allí donde ven su pecado ante un Dios santo por medio de la obra de convencimiento del Espíritu Santo. Jesús condujo a esta mujer a un punto de confrontación con su pecado. El asunto del pecado es a menudo un punto complicado, pero si hay confianza y apertura, podemos lidiar con él.

6. vv. 19-26: Jesús desea que las personas se conviertan en sus seguidores, no en «religiosos».

a. Puede que pregunten: «¿Tendré que dejar de beber?» La conducta moral es consecuencia de un corazón cambiado. Esta mujer en el pozo trató de enfocarse en la «religión», mientras que Jesús se enfocó en la relación entre Dios y los seres humanos.

b. El enfoque está en convertirse en un verdadero adorador de Dios, en una relación con él, no en seguir una serie de reglas.

c. Cuando Jesucristo se revela como el verdadero Mesías y Salvador, la mujer lo sigue (4:39).

Para un análisis completo de este pasaje, lee el libro de Lee Strobel, *Cómo piensan los incrédulos que tanto quiero.*

Versículos importantes para el evangelismo

Dios desea una relación personal contigo

«—Yo soy el pan de vida —declaró Jesús—. El que a mí viene nunca pasará hambre, y el que en mí cree nunca más volverá a tener sed» (Juan 6:35).

«De aquel que cree en mí, como dice la Escritura, brotarán ríos de agua viva» (Juan 7:38).

«El ladrón no viene más que a robar, matar y destruir; yo he venido para que tengan vida, y la tengan en abundancia» (Juan 10:10).

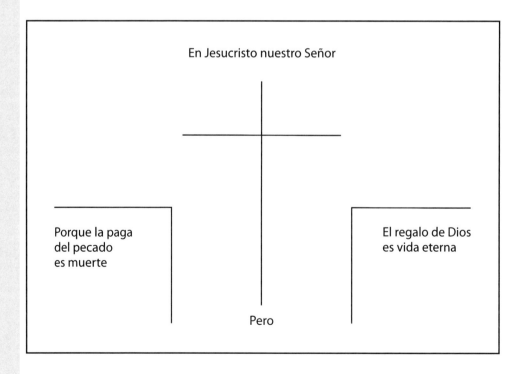

El pecado nos impide tener una relación personal con Dios

«Pues todos han pecado y están privados de la gloria de Dios» (Romanos 3:23). «Porque la paga del pecado es muerte, mientras que la dádiva de Dios es vida eterna en Cristo Jesús, nuestro Señor» (Romanos 6:23).

Tienes que recibir a Jesucristo como tu perdonador y tu guía

«Mas a cuantos lo recibieron, a los que creen en su nombre, les dio el derecho de ser hijos de Dios» (Juan 1:12).

«Si confiesas con tu boca que Jesús es el Señor, y crees en tu corazón que Dios lo levantó de entre los muertos, serás salvo» (Romanos 10:9).

«Porque por gracia ustedes han sido salvados mediante la fe; esto no procede de ustedes, sino que es el regalo de Dios, no por obras, para que nadie se jacte» (Efesios 2:8-9).

Si personalmente confías en Cristo, tienes asegurada la eternidad

«Y el testimonio es éste: que Dios nos ha dado vida eterna, y esa vida está en su Hijo. El que tiene al Hijo, tiene la vida; el que no tiene al Hijo de Dios, no tiene la vida. Les escribo estas cosas a ustedes que creen en el nombre del Hijo de Dios, para que sepan que tienen vida eterna» (1 Juan 5:11-13).

LA VIDA DE ORACIÓN DE UN LÍDER

Una guía para la oración

Los líderes eficientes tienen una vida de oración. A continuación mencionamos algunos puntos que te ayudarán a ser un líder más eficiente y una persona de oración. Hemos comprobado que son principios útiles y poderosos.

Empezaremos brindándote una guía básica para la oración y luego algunos principios para la oración tomados de Romanos 8 y al final, algunos prerrequisitos para que Dios conteste las oraciones.

Adoración (Salmo 100)

Sugerencias prácticas:

1. Escoge uno de los atributos de Dios; alábalo por su carácter.

2. Parafrasea un salmo.

3. Usa las palabras de un salmo en una oración.

Confesión (1 Juan 1:9)

Sugerencia práctica:
Haz un inventario del día de ayer. ¿Hubo algo allí que no agradó a Dios? Haz una lista y luego destrúyela.

Acción de gracias (Lucas 17:11-19; 1 Tesalonicenses 5:16-18)

Sugerencia práctica:
Haz una lista de tus bendiciones según las categorías siguientes:

1. Espirituales

2. Relacionales

3. Materiales

4. Físicas

Súplica (Filipenses 4:6-7; 1 Juan 5:14-15)

Sugerencia práctica:
Divide tus necesidades bajo los siguientes encabezamientos:

1. Preocupaciones principales.

2. Relacionales.

3. Físicas/materiales.

4. Espirituales.

5. Carácter.

Escucha con tranquilidad, espera que el Espíritu te conduzca y dirija. (Para abundar en este tema, revisa el libro de Bill Hybels, *No tengo tiempo para orar*).

Cuatro principios de la oración: Romanos 8:26-29

Romanos 8:26-29 nos da algunos principios sobre la oración. Mientras lees el pasaje y meditas en él, encontrarás algunos de los principios que se mencionan a continuación. Ciertamente Dios contesta la oración, pero no siempre de la manera en que esperamos. Esta información te ayudará a comprender cómo Dios responde la oración.

1. El Espíritu Santo nos ayuda a saber qué y cómo orar (v. 26).

2. El Espíritu Santo intercede por nosotros (v. 26).

3. Dios escucha nuestros corazones más que las palabras que usamos mientras oramos (v. 27).

4. La oración siempre recibe respuesta (vs. 28-29) aunque no siempre de acuerdo a lo que nosotros pensamos. Bill Hybels ha orientado a muchas personas con respecto a las cuatro respuestas básicas de Dios a nuestras oraciones.

No: tu petición no está de acuerdo con la voluntad de Dios
          AT: 2 Samuel 12:15-16, 22-23
          NT: Mateo 26:36-39

Espera:	Tu petición no es la voluntad de Dios en ese momento AT: Génesis 15:2-6; 21:2 NT: Juan 11:3, 6, 14-15, 17, 43-44
Crece:	Tus motivaciones son erróneas AT: Números 14:26-45 NT: Santiago 4:3
Adelante:	Tu petición, el momento y la condición espiritual son adecuados... ¡Sí! AT: 1 Reyes 18:36-39 (cf.: Santiago 5:17-18) NT: Hechos 12:5-7, 12-17

Prerrequisitos para una oración contestada

Aunque en las Escrituras queda claro que Dios siempre contesta nuestras oraciones de alguna manera (como hemos dicho anteriormente) también hay algunos principios básicos para orar con eficiencia. Hay ciertas prácticas o actitudes que pueden estorbar tus oraciones y, en tales casos, Dios no las responderá. Los pasajes siguientes nos ayudan a entender que debemos tener una relación correcta con Dios y con las demás personas para que Dios escuche nuestras oraciones.

La lucha con un pecado no confesado pondrá una barrera entre tú y Dios (Salmo 66:18).

Dios escucha las oraciones de aquellos que obedecen sus mandamientos (1 Juan 3:22-23).

Dios no escuchará oraciones motivadas por razones incorrectas o egoístas (Santiago 4:3).

Se nos manda a orar conforme a su voluntad, no conforme a la nuestra (1 Juan 5:14-15).

Cuando oramos, debemos pedir con fe. La incredulidad es una barrera para la oración contestada (Marcos 11:22-24).

Una vida de sumisión a Cristo (tener comunión diaria con él) hará posible que Dios escuche tus oraciones. Sin embargo, cuando se rompe la comunión, también se rompe la comunicación con Dios (Juan 15:7).

En algunas ocasiones no tenemos oraciones contestadas porque no pedimos. Debemos perseverar con regularidad en nuestras peticiones apropiadas y traerlas a Dios (Lucas 11:9).

También es un prerrequisito orar en el Espíritu (es decir, bajo el control del Espíritu Santo). Además, debemos ser perseverantes en la oración (Efesios 6:18).

Si no perdonas a alguien que te ha hecho daño, entonces Dios dice que no te perdonará a ti. Las relaciones restauradas y correctas son esenciales para tener una comunicación abierta con Dios (Mateo 6:14-15, Marcos 11:25).

Debemos orar con corazones agradecidos. Aquellos de nosotros que vengamos ante Dios sin un espíritu de agradecimiento nos daremos cuenta de que Dios no contesta nuestras oraciones (Filipenses 4:6).

Puntos clave que debemos recordar acerca de la oración

- Ora a Dios por todo (Filipenses 4:6-7).

- Ora constantemente (1 Tesalonicenses 5:17)

- Ora en el nombre de Jesús, esto es, según su voluntad (Juan 16:24)

- Ora con una confianza audaz (Hebreos 4:16)

UN LIDERAZGO DIRIGIDO POR EL ESPÍRITU

«Reducido a los términos más simples, ser lleno del Espíritu significa que, a través de una rendición voluntaria y en respuesta a la fe personal, el Espíritu Santo llena, domina y controla la personalidad humana».

J. OSWALD SANDERS
SPIRITUAL LEADERSHIP

Una característica en común de los grandes líderes en las Escrituras es que el Espíritu Santo guió sus vidas y ministerios. En Efesios 5:18-20, Pablo dice: «No se emborrachen con vino, que lleva al desenfreno. Al contrario, sean llenos del Espíritu. Anímense unos a otros con salmos, himnos y canciones espirituales. Canten y alaben al Señor con el corazón...». Alguien que está intoxicado con vino vive de manera irresponsable ante Dios y ante las otras personas. Por el contrario, alguien que está lleno del Espíritu Santo lleva una vida responsable y que honra a Cristo, caracterizada por relaciones auténticas con Dios y con los demás.

¿Cómo puedes vivir una vida en el Espíritu? O mejor dicho, ¿cómo puede ser posible que el Espíritu te guíe continuamente? Como líder, debes permitir que el Espíritu Santo ejerza su voluntad en tu vida. Esto potenciará tu liderazgo y traerá como consecuencia que produzcas el fruto del Espíritu.

Recuerda, según las palabras de Jesús en Juan 16:5-15, el Espíritu es tu ayudador, tu guía y tu maestro de toda verdad. A continuación mencionamos algunas formas para estar seguro de que estás en el camino del Espíritu Santo.

Condúcete de acuerdo al Espíritu

Esta es la forma que tiene la Biblia de decir «andemos guiados por el Espíritu» (Gálatas 5:25). Conducirse de acuerdo al Espíritu significa dejar que él te controle mientras lees las Escrituras, oras y escuchas la voz de Dios. Al someter tu voluntad a la voluntad de Dios, el Espíritu puede controlar más tu vida y dirigir tus pasos.

Dedícate a estudiar la Palabra de Dios

La Biblia es clara en este sentido. Efesios 5:17 dice: «Por tanto, no sean insensatos, sino entiendan cuál es la voluntad del Señor». El Espíritu de Dios usa la Palabra de Dios con el propósito de dar poder al pueblo de Dios para que pueda llevar a cabo la obra de Dios.

Piensa en las cosas del Espíritu

Romanos 8:6-9 nos dice: «La mentalidad pecaminosa es muerte, mientras que la mentalidad que proviene del Espíritu es vida y paz. La mentalidad pecaminosa es enemiga de Dios, pues no se somete a la ley de Dios, ni es capaz de hacerlo. Los que viven según la naturaleza pecaminosa no pueden agradar a Dios.

Sin embargo, ustedes no viven según la naturaleza pecaminosa sino según el Espíritu, si es que el Espíritu de Dios vive en ustedes. Y si alguno no tiene el Espíritu de Cristo, no es de Cristo». Ya que el Espíritu de Dios habita en ti, simplemente necesitas rendirte a él y permitirle que tome el control de tu vida. Enfocarse en las cosas del Espíritu significa prestar atención a las relaciones, decisiones, conversaciones, pensamientos y actividades que honran a Dios.

Gálatas 5 explica que una vida que se vive en el Espíritu, obedeciendo los mandamientos de Cristo, producirá los frutos del Espíritu: amor, gozo, paz, paciencia, benignidad, bondad, fe, mansedumbre, templanza (vv. 22-23). Sin embargo, cuando no estamos rendidos al Espíritu, apagaremos el Espíritu (1 Tesalonicenses 5:19) al ignorar la Palabra de Dios, o lo entristeceremos (Efesios 4:30) al tener resentimiento e ira en nuestras relaciones. El pecado siempre echa agua en el fuego del Espíritu Santo.

Al aplicar los principios que hemos expuesto, puedes vivir una vida llena del Espíritu y permitir que Dios obre en ti para hacerte un líder eficiente. A continuación mencionamos algunos pasajes que tal vez quieras leer para aprender más acerca de la obra del Espíritu en la vida del líder y en la vida de otros creyentes. Sería muy bueno que en el grupo se reflexionara sobre algunos de ellos con el objetivo de animar a otros a vivir una vida en el Espíritu.

El bautismo del Espíritu Santo (1 Corintios 12:13)

El ministerio del Espíritu dentro de la persona (Romanos 8:11; 1 Corintios 3:16; 2 Timoteo 1:14)

El ministerio de plenitud del Espíritu Santo (Hechos 4:8; Hechos 4:31; Efesios 5:18)

El ministerio de convencimiento del Espíritu Santo (Juan 16:7-11)

El ministerio de regeneración del Espíritu Santo (Juan 3:3-6; Tito 3:5-6)

El ministerio de reafirmación del Espíritu Santo (1 Corintios 2:12-16; 1 Juan 4:13; 5:7)

El ministerio de santificación del Espíritu Santo (Romanos 8:11-12; 2 Corintios 3:18; 2 Tesalonicenses 2:13)

El ministerio de enseñanza del Espíritu Santo (Juan 16:13; 1 Corintios 2:13)

El ministerio de intercesión del Espíritu Santo (Romanos 8:26)

El ministerio de poder del Espíritu Santo (Lucas 4:14, 18-19; Hechos 1:8; Romanos 15:13, 19)

El ministerio de consolación y ayuda del Espíritu Santo (Juan 14:16; 16:7; Hechos 9:31)

La responsabilidad del creyente de tener plenitud del Espíritu Santo (Gálatas 5:16-26; Efesios 5:18)

RECURSOS

Preguntas frecuentes acerca del liderazgo

P   *¿Necesito tener el don espiritual de liderazgo para ser un buen líder de un grupo pequeño?*

R   No. La Biblia se refiere a la mayoría de los líderes de las iglesias como pastores. El pastorado a menudo incluye la tarea de animar y exhortar a la gente y la habilidad para proveer guía y dirección. Además, algunos líderes que tienen el don de liderazgo no serían buenos líderes de un grupo pequeño. El liderazgo de grupos pequeños requiere ciertas habilidades relacionales y un determinado temperamento. Algunos líderes tienen el don de tener un tipo de liderazgo «profético» o liderar grandes grupos de personas al proyectar una visión y proclamar la verdad. Estos líderes con frecuencia resultan ser líderes poco eficientes de grupos pequeños. Debes cuestionarte acerca de tu deseo de pastorear a la gente, tus habilidades para edificar relaciones, tus sentimientos y tu deseo de desarrollar habilidades que te capacitarán para guiar a un pequeño grupo de personas.

P   *¿Cuál es la mejor forma para estar seguro de que estoy creciendo y que siento el reto que el liderazgo implica?*

R   Por supuesto, tienes que involucrarte con regularidad en la oración y la lectura de las Escrituras. Pero un líder también debe tener relaciones en las que él o ella deba rendir cuentas de su crecimiento y madurez espiritual. Estas relaciones surgirán dentro del grupo, con otros líderes de la comunidad y con líderes dentro del campo ministerial. Pero es tu responsabilidad tomar la iniciativa y dirigirte a crear relaciones en las que puedan animarse mutuamente. Un líder no puede esperar sentado a que otros vengan con el interés de relacionarse. Los líderes tienen que iniciar las relaciones. Eso es parte de ser un líder.

P   *¿Y si actualmente no poseo todas las cualidades mencionadas para un liderazgo espiritual competente?*

R   Ninguno de nosotros posee todas las cualidades para el liderazgo cristiano en su sentido más amplio; cada uno de nosotros está creciendo con el objetivo de parecerse más a Cristo. Lo más importante es que conozcas los aspectos en los que necesitas crecer y que estés trabajando con tu mentor o con los líderes del ministerio en un plan para ayudarte a crecer en dichos aspectos. Recuerda, debes querer crecer en carácter y en competencia, ambas cosas son esenciales para tener un liderazgo de calidad.

RECURSOS ADICIONALES

Libros

Sobre el liderazgo:

Everyone's a Coach de Don Shula y Ken Blanchard (Zondervan)
«Ya seas el Presidente Ejecutivo de alguna compañía, un líder de exploradores, un supervisor al que tengan que rendir cuenta cuatro personas, o un padre de familia, tienes el potencial para ayudar a otros a convertirse en ganadores en la vida», afirma el coautor y experimentado motivador Ken Blanchard. Él y Shula hablan sobre cinco secretos comprobados que cualquiera puede usar para convertirse en un gran líder.

Leaders de Warren Bennis y Burt Nanus (Harper and Row)
Bennis y Nanus se enfocan en el conocimiento personal y del liderazgo, la creación de una visión, la comunicación de dicha visión, el desarrollo de la confianza y la gestión organizacional. Es un libro que destaca las estrategias para el liderazgo personal y organizacional.

Leadership is an Art de Max DePree (Doubleday)
DePree es un cristiano en el mundo empresarial. Fue Presidente Ejecutivo de Herman Miller Inc. La revista Fortune dijo que su compañía estuvo entre las diez mejores administradas de los Estados Unidos. Aporta significativos principios de liderazgo para el crecimiento personal y para la aplicación en el mercado.

The Making of a Leader de Robert Clinton (NavPress)
Es probable que en la actualidad sea el mejor libro sobre liderazgo cristiano. Clinton destaca las seis etapas de desarrollo del liderazgo e incluye evaluaciones para aclarar dónde te encuentras en cada etapa del proceso. También es muy útil para contribuir a la madurez de nuevos líderes por quienes debas velar.

Liderazgo espiritual de J. Oswald Sanders (Portavoz)
Sanders escribe que el liderazgo espiritual es la mezcla de cualidades naturales y espirituales. Su libro es un clásico cristiano. Aunque un poco anticuado y escrito principalmente para los hombres, es un libro lleno de principios bíblicos acerca del liderazgo cristiano.

Using the Bible in Groups de Roberta Hestenes (Westminster)
Un clásico acerca de cómo llevar a cabo debates y estudios bíblicos en grupo.

Sobre la oración:

¡Cámbiame, Señor! de Evelyn Christenson (Caribe Betania)

Prayer de Richard Foster (Harper San Francisco)

El Poder a través de la oración de E.M. Bounds (Peniel)

No tengo tiempo para orar de Bill Hybels (Certeza Unida)

Sobre el Espíritu Santo:

Más cerca de la llama de Charles Swindoll (Caribe Betania)

Hacia el conocimiento del Espíritu Santo de J.I. Packer (Peniel)

Sobre el evangelismo:

Conviértase en un cristiano contagioso de Bill Hybels y Mark Mittelberg (Vida)

How to Give Away Your Faith de Paul Little (InterVarsity)

Fuera del salero de Rebecca Pippert (Certeza Unida)

Sobre las disciplinas espirituales:

La disciplina de Richard Foster (Peniel)

La vida que siempre has querido de John Ortberg (Vida)

The Spirit of the Disciplines de Dallas Willard (Harper SanFrancisco)

Parte tres

DESARROLLO DE LOS LÍDERES APRENDICES

Ahora que tienes una idea clara de las funciones y responsabilidades del líder de un grupo pequeño, es hora de construir tu equipo de liderazgo. Para asegurar que «nadie se quede solo» en tu iglesia se necesitarán más grupos y eso implica más líderes. Se te entregó una batuta de líder para que la lleves y llegará el momento en que tendrás que pasarla a alguien más. Esa persona o personas serán tus aprendices. Él o ella aprenderá de ti las lecciones de liderazgo y también las experiencias que se obtienen en la práctica del trabajo dentro del grupo pequeño.

El liderazgo mutuo es un patrón bíblico y una necesidad práctica. En esta parte descubrirás cómo identificar y desarrollar a tu aprendiz o aprendices, al darles las habilidades y experiencias que necesitan para seguir adelante. Aprenderás a delegar responsabilidades significativas a la persona que estás desarrollando y un día verás el fruto de tu trabajo a medida que surjan nuevos líderes en tu grupo que pastorearán a otros en la iglesia. De esta forma puedes continuar edificando una comunidad que ganará a otra comunidad para Cristo.

EL DESARROLLO DEL APRENDIZ

IDENTIFICAR A LOS LÍDERES APRENDICES

¿Por qué necesito un líder aprendiz?

La vitalidad y la efectividad de cualquier iglesia local están directamente relacionadas con la calidad de su liderazgo. El modelo de grupos pequeños dentro de toda la iglesia enfatiza el desarrollo continuo de líderes dentro del cuerpo. Es responsabilidad de la iglesia y desarrollar nuevos líderes para llevar a cabo la misión del evangelio y para pastorear a la gente. Jesús ejemplificó esto con los doce discípulos y Pablo exhortó a Timoteo a que hiciera lo mismo (2 Timoteo 2:2). Nosotros en Willow Creek creemos firmemente en el concepto que se plantea en Efesios 4:12 de movilizar y edificar el cuerpo de Cristo de modo que cada miembro pueda cumplir el ministerio que Dios le ha dado. Es el deber y el privilegio de los líderes de grupos pequeños preparar a una nueva generación de líderes y pasar la batuta con eficiencia. El futuro está en juego. Así que trabajen juntos como equipo (líderes, mentores, líderes de división, directores de ministerios) para continuar levantando nuevos líderes para el servicio en el reino.

El desarrollo de los aprendices obedece al principio de la multiplicación. Por ejemplo, un evangelista eficiente que diariamente gana 1000 personas para Cristo ganará a todo el mundo para Cristo en 13,515 años. Pero alguien muy eficiente en la instrucción, que enseña o prepara a dos personas al año para que ganen almas para Cristo tiene el potencial de comunicar el mensaje al mundo en 33 años. A medida que continuemos multiplicándonos también multiplicaremos nuestro ministerio.

¿Quién encuentra aprendices potenciales?

Dos tercios de los líderes de grupos encuentran sus propios aprendices. Aproximadamente un tercio se encuentra con la ayuda de algún mentor, líder de división y otros dentro de tu campo de ministerio.

¿Cómo reconozco a un naciente líder aprendiz?

1. Busca miembros del grupo que tomen el grupo con seriedad.

2. Considera los que desafían tu liderazgo. Puede que estos sean líderes potenciales que se sienten frustrados porque no tienen la oportunidad de liderar.

3. Busca personas dotadas a quienes puedas reconocer y afirmar.

4. Ora regularmente por nuevos aprendices (Lucas 6:12-16).

5. Busca personas que se comprometan con la visión del grupo.

6. Observa las personas en tu ministerio mientras realizan tareas o trabajan con la gente. Bríndales oportunidades y responsabilidades adicionales dentro del ministerio para ver si tal vez tienen algún potencial para el liderazgo.

7. Trata de buscar personas que tengan las siguientes cualidades espirituales, emocionales y sociales:

   - Cualidades espirituales:
     ¿Ven a Dios trabajando en sus vidas?
     ¿Se autoalimentan? (¿Pasan un tiempo regularmente alimentando su crecimiento espiritual mediante la lectura de la Palabra de Dios y la oración?)
     ¿Están deseosos de aprender? (¿Participan activamente en debates sobre temas espirituales?)
     ¿Están de acuerdo con la visión de los grupos pequeños?

   - Cualidades emocionales
     ¿Son lo suficientemente seguros como para ser vulnerables y honestos con el grupo?
     ¿Son emocionalmente estables? (¿Están conscientes de sus fortalezas y debilidades y no están sujetos a cambios de ánimo que afectan la dinámica del grupo?)
     ¿Cómo responden a la confrontación y al desarrollo del carácter? ¿A la defensiva? ¿Con sensibilidad?

   - Cualidades sociales
     ¿Participan abiertamente sin dominar? (Si hay alguna confrontación en algún asunto, ¿cómo respondieron a dicha confrontación?
     ¿Son capaces de escuchar a otros con verdadero interés?
     ¿Son capaces de facilitar el debate?

El método de Dios para cumplir su plan es la gente: gente humilde, que deje que el Espíritu la guíe.

¿Cómo venzo las objeciones de los aprendices potenciales?

Las siguientes son objeciones típicas para convertirse en aprendices:

1. «No tengo tiempo». Recuerda, la gente busca el tiempo para aquellas cosas que considera importantes. Conversa acerca de la importancia de los aprendices en el cuerpo de Cristo. Proyecta una visión del cambio de vida que puede ocurrir si superan las dificultades y aceptan el reto de liderar un grupo contigo.

2. «No tengo el don de liderazgo». Anima a la gente recordándole que el liderazgo es básicamente carácter. Toma un tiempo desarrollar el carácter y las competencias (habilidades). Si piensas que alguien tiene las cualidades de carácter básicas para ser un líder potencial, recuérdales que te asegurarás que reciban la preparación adecuada que necesitan para ser eficientes.

3. «No soy el tipo de persona que es líder». En este punto simplemente necesitas explorar lo que la persona quiere decir con «tipo de persona que es líder». Tal vez tenga una definición de liderazgo que no sea bíblica. Tal vez ven a un líder como alguien que está al mando y que tiene el control y no como alguien que puede facilitar el cambio de vida al cuidar, pastorear, discipular y amar a otros.

¿Cómo confirmo que tengo como aprendiz potencial a la persona adecuada?

1. Asegúrate de que conozcan a tu mentor.

2. Preséntalos a tu líder de división o al director del ministerio (miembro del personal de la iglesia).

3. Asegúrate de conversar con otros que hayan ministrado a esta persona o que la conozcan.

4. Confirma que se deje enseñar y que esté deseoso de aprender.

¿Y si tengo problemas para encontrar un aprendiz?

Nunca subestimes el papel de la guerra espiritual al reclutar aprendices de liderazgo. Recuerda, el maligno no está contento cuando desarrollamos nuevos líderes que pueden impactar el cuerpo de Cristo y ganar al mundo para Cristo. La oración es esencial para elegir a tu aprendiz. Aunque los mentores y otros líderes del ministerio ayudarán en su función de supervisores del control de calidad, el papel del Espíritu Santo y la oración son esenciales. Recuerda, la formación del aprendiz es tan importante como el trabajo de evangelización porque esta persona algún día va a continuar formando grupos y, lo que es más importante, ganará a más personas.

¿Qué información necesita un aprendiz potencial?

Las bases

1. Ayúdales a entender la descripción del trabajo de un líder. Asegúrales que no se espera que ellos cumplan todos los requisitos necesarios para el trabajo al mismo nivel en que los cumple un líder. Recuerda, son líderes en desarrollo (aprendices).

2. Ofréceles una idea clara del tiempo que se necesitará para su desarrollo. Los aprendices requieren de 12 a 18 meses aproximadamente antes de liderar solos un grupo pequeño. Sin embargo, esto varía de acuerdo a las necesidades de un ministerio determinado y a la madurez del aprendiz.

3. Explica que la capacitación y los recursos adecuados están a disposición de su crecimiento y motivación.

4. Asegúrate de que comprendan con claridad la visión y los valores del ministerio de los grupos pequeños. Deben asistir a los programas de preparación que se lleven a cabo dentro de la iglesia. Y de inmediato debe hacerse miembro en coordinación con su líder/mentor, si la iglesia todavía no lo ha recibido como miembro participante.

Si me convierto en un aprendiz, ¿qué debo esperar?

Para tener una idea más clara del camino de aprendiz a líder, lee con atención la información que aparece abajo. La travesía de aprendiz a líder es una de las experiencias más emocionantes y retadoras en el cuerpo de Cristo. En tu desarrollo como aprendiz necesitarás prestar atención a ciertas reglas del camino, derechos de pasaje y responsabilidades que se espera que asumas.

Reglas del camino (calificaciones)

El liderazgo de grupos pequeños es, en esencia, la combinación del carácter y las habilidades.

Carácter	*Habilidades*
Tiene que desarrollarse	Se puede proporcionar
Toma tiempo	Toma práctica y tiempo
Puede descalificarte como líder	Puede demorarte para tomar el liderazgo
Involucra tu relación con Dios y los demás	Tiene que ver con tu relación con las tarea
Es una medida interna	Son medidas externas
Se prueba en la adversidad, pero se desarrolla en la quietud	Se practica en la quietud pero se prueba en la adversidad

Pautas bíblicas para el carácter y las habilidades

Pautas para el carácter	Pautas para las habilidades
Marcos 10:35-45 (servicio)	1 Timoteo 3:1-7 (capaz de enseñar y asumir responsabilidades)
Juan 13:34-35 (amor)	Tito 1:9 (capaz de defender la sana doctrina)
1 Timoteo 3:1-7 (integridad)	Romanos 12:8 (liderar con diligencia)
Gálatas 5:22-23 (producir fruto)	1 Pedro 5:1-4 (pastorear con entusiasmo)

No se espera que al comienzo del liderazgo de un grupo pequeño tú desarrolles todos estos rasgos del carácter. No obstante, propónte desarrollarlos a medida que maduras en Cristo.

(En Willow Creek usamos nuestro currículo y proceso de Miembros Participantes para evaluar las pautas del carácter y el momento en que alguien está listo para convertirse en líder.)

Reconocimientos del paso de una etapa a otra (etapas de desarrollo del aprendiz)

Las tres etapas de desarrollo del aprendiz son similares a las etapas del crecimiento. Hemos llamado a estos pasos dependencia, independencia e interdependencia y se asemejan a las etapas de la infancia, la adolescencia y la adultez. Como aprendiz, puede que lo experimentes de esta forma:

1. Dependencia (infancia)
   Tú exploras el liderazgo
   Aprendes todo lo que puedes
   Te conviertes en observador
   Confías en el líder
   Desarrollas un corazón de siervo
   Muestras una fuerte dependencia del grupo

2. Independencia (adolescencia)
   Sientes que puedes liderar mejor que el líder
   Crees que no necesitas al grupo
   Crees que no necesitas al líder
   Estás aprendiendo el papel del líder

   Advertencia: Aunque esta es una etapa normal en el desarrollo, también es la más peligrosa por ser la época en que piensas que eres mejor que tu líder y que fácilmente puedes liderar el grupo. Este sentimiento debe ser una señal de que estás listo para asumir más responsabilidades dentro del grupo y participar de forma más directa en su liderazgo. Tu meta no es permanecer en esta etapa de independencia. En Cristo, debemos depender los unos de los otros. Debes proponerte llegar a la tercera etapa: la interdependencia.

3. Interdependencia (adultez)
   Te has ganado el respeto del grupo
   Respetas a tu grupo

Necesitas que tu grupo afirme tu liderazgo
El grupo te necesita
Trabajas en equipo con tu líder
Lideras en conjunto con tu líder
Has combinado el corazón de siervo con el papel de líder

Nota: Precisamente en este momento puede que te estés preparando para nacer. No te sorprendas si aparecen sentimientos de ambivalencia, incertidumbre, temor e incapacidad. Esto es normal y saludable. De hecho, estos sentimientos te darán la clase de humildad que necesitas para convertirte en líder. Cuando aparezcan será una señal de que estás listo para nacer y listo para recibir nuevos retos en tu crecimiento espiritual.

LAS CUATRO RESPONSABILIDADES DE UN LÍDER APRENDIZ

1. **Amor.** Ama y apoya a tu líder y a tu grupo, haciendo todo lo que puedas para ser un ejemplo del amor de Cristo ante tu gente. Ámalos e interésate por ellos con acciones prácticas. Trabaja con tu líder para que él contribuya contigo al cuidado de tu grupo.

2. **Aprende.** Aprende de lo que hace y de lo que no hace tu líder. Habla con tu líder y conversa sobre cada reunión, debatiendo los pros y los contras del proceso. En este punto, el liderazgo se asume y se enseña a la vez. Además, aprovecha los cursos que se ofrezcan o recomienden para el desarrollo de las habilidades.

3. **Lidera.** Pídele a tu líder que te permita adquirir experiencia liderando al grupo de varias formas. Comienza dirigiendo el tiempo de oración o una o dos preguntas de un debate. Con el tiempo, trabaja para asumir más responsabilidades de liderazgo en tu grupo. Te conviertes en un mejor líder al practicar «en vivo» las habilidades para el liderazgo. Este es el mejor momento para hacerlo. Debes asumir el papel de líder durante 12 a 18 meses a partir del momento en que te convertiste en aprendiz. Aprovecha este tiempo para crecer y dominar una serie de habilidades.

4. **Observa.** Durante todo tu ministerio también debes estar buscando un aprendiz. Hazte preguntas como estas:

   · ¿Quién parece tener potencial de líder?

   · ¿Quién tiene corazón de siervo?

   · ¿Quién está deseoso de aprender?

   · ¿Con quién paso tiempo en la iglesia que no está involucrado en el sistema de grupos pequeños?

DESARROLLO DE UN LÍDER APRENDIZ

Como aprendiz o como líder, tengo que desarrollar a un aprendiz de liderazgo... ¿alguna ayuda?

1. Estudia este libro con tu aprendiz. Escoge varias secciones y conversen acerca de cómo pueden aplicar los principios y la información en el grupo.

2. Continúa modelando el liderazgo de un grupo pequeño ante tu aprendiz. Es probable que tu ejemplo sea el único ejemplo de liderazgo de un grupo pequeño que la mayoría de tus aprendices hayan visto.

3. Deja que tu aprendiz lidere. Delega aspectos de responsabilidad a tu aprendiz.

4. Túrnate con tu aprendiz para mutuamente evaluarse con frecuencia. Cuando tu aprendiz dirija una parte de algún encuentro, asegúrate de hacerle tus comentarios al respecto. Pero también permite que tu aprendiz haga lo mismo por ti. Crea una lista de preguntas o aspectos para poder evaluarse el uno al otro.

5. Ora a menudo con tu aprendiz por sus necesidades personales y por el desarrollo del ministerio.

6. Ayuda a tu aprendiz a determinar qué tipos de cursos o preparación para el desarrollo de habilidades serán más útiles durante esta etapa de desarrollo. Trabaja con tu mentor para dirigir a tu aprendiz a las clases de preparación o a las oportunidades correctas de adiestramiento.

7. Lleva a tu aprendiz contigo siempre que estés en actividades relacionadas con el ministerio. Si vas a visitar a algún enfermo, lleva a tu aprendiz. Si estás planificando asistir a un encuentro, asegúrate de que tu aprendiz vaya contigo. Recuerda involucrar a tu aprendiz en reuniones con tu mentor. Cuando tu mentor visite el grupo, asegúrate de que pase tiempo con el aprendiz.

8. Ayuda a tu aprendiz a buscar un nuevo aprendiz. Recuerda, nunca podrás tener demasiados aprendices y, para nacer completamente, cada uno necesitará identificar un nuevo aprendiz.

9. Considera usar la «Planificación para el aprendiz» que aparece a continuación. Esto te ayudará a pensar cómo vas a trabajar con tu aprendiz cada mes. Como puedes ver, la planificación se divide en cuatro secciones principales: (1) la participación del aprendiz en los encuentros, (2) su trabajo con los miembros, (3) el desarrollo personal y (4) la planificación y las metas a largo plazo. Siéntate con tu aprendiz todos los meses y trabaja en una planificación como esta.

10. Acompaña a tu aprendiz en el proceso de convertirse en un miembro activo de la iglesia.

RECUERDA, SOBRE TODAS LAS COSAS...

«Cuiden como pastores el rebaño de Dios que está a su cargo, no por obligación ni por ambición de dinero, sino con afán de servir, como Dios quiere. No sean tiranos con los que están a su cuidado, sino sean ejemplos para el rebaño» (1 Pedro 5:2-3).

PLANES PARA EL APRENDIZ

Mes	Encuentros	Miembros	Desarrollo personal	Planes a largo plazo

RECURSOS

Preguntas frecuentes acerca de los líderes aprendices

P: *¿Y si mi aprendiz decide que no quiere seguir siendo un aprendiz?*

R: Esto pasa de vez en cuando. Lo mejor es comunicarte con tu instructor y determinar una estrategia. Es probable que necesites buscar otro aprendiz. Pide a los líderes de los ministerios que te ayuden a identificar candidatos. Recuerda procesar adecuadamente la renuncia de tu aprendiz frente a tu grupo. A veces un miembro puede sentirse avergonzado o inadecuado porque ya no quiere ser aprendiz. Hazle saber que lo apoyas y anímale a crecer en Cristo. Ayuda al grupo a comprender que es Dios quien al final toma estas decisiones y quien se mueve en los corazones de los hombres y las mujeres.

P: *¿Cuántos aprendices debo tener en un grupo?*

R: Básicamente puedes tener tantos como quieras. Algunos grupos están llenos de aprendices. A estos los llamamos «grupos turbo». Por lo general duran unos seis meses y en ese momento dan lugar a otro grupo y cada aprendiz pasa a dirigir a un grupo. Es mejor tener por lo menos dos aprendices en cada grupo. Esto da un margen para circunstancias imprevistas (tales como transferencias de trabajo, aprendices que decidan renunciar, aprendices que tengan grandes dificultades familiares o una crisis y se vea obligado a suspender su desarrollo de liderazgo). En esencia, en tu grupo nunca tendrás un exceso de líderes en desarrollo.

P: *Si soy aprendiz y mi líder no me da ninguna oportunidad para el liderazgo, ¿qué debo hacer?*

R: Primero, habla directamente con tu líder. Sé amoroso pero directo. Deja que tu líder sepa que estás ansioso por desarrollar algunas habilidades de liderazgo. Pregúntale si puedes dirigir alguna parte de la reunión. Pregunta si puedes acompañar a tu líder en cualquier viaje de ministerio (como una visita al hospital o alguna entrevista). Si el líder no reacciona con el tiempo, sería bueno comunicarte con tu mentor.

P: *¿Y si el aprendiz se convierte en un líder de grupo más capaz que el líder original?*

R: Esto sucede de vez en cuando. A veces el líder escoge un aprendiz que en realidad tiene un gran don para ser líder de grupo. Lo mejor es solucionar esta situación con tu instructor quien puede recomendar varias soluciones, incluyendo la división del grupo, dar lugar a un nuevo grupo más rápidamente o formar dos grupos nuevos y buscar nuevos aprendices para cada uno. En cualquier caso, es mejor resolver esto con tu instructor y líderes de ministerios. ¡Tal vez esto simplemente signifique que tienes el don de identificar y desarrollar líderes excelentes!

RECURSOS ADICIONALES

Libros

Biblical Foundations for Small Group Ministry de Gareth Icenogle (Intervarsity). Icenogle ha desarrollado una teología sana e inspiradora para los grupos pequeños, siguiendo las huellas del ministerio de Jesús con los doce discípulos. Un libro maravilloso para líderes que necesitan una sólida comprensión bíblica de los grupos y del desarrollo del liderazgo.

The Coming Church Revolution de Carl George (Revell)
Este libro bosqueja una estrategia para desarrollar líderes en la iglesia.

Connecting de J. Robert Clinton y Paul D. Stanley (NavPress)
Este libro se enfoca en varios tipos de relaciones con mentores y cómo desarrollarlas.

Parte cuatro

LA VIDA EN EL GRUPO

Una vez que tienes una visión clara del ministerio del grupo y de lo que se necesita para ser un líder y desarrollar a un aprendiz, puedes comenzar a enfocarte en la vida del grupo. En esta parte te ayudaremos a comprender lo que convierte a un grupo en una comunidad. Comenzamos con valores comunes que conforman el grupo y la relación entre la gente en una comunidad. Después describimos la formación de los grupos: cómo crear y proyectar una visión para tu grupo, los componentes principales de la vida del grupo, la comunicación, las etapas de vida por las que pasarás y cómo diseñar un pacto que selle el compromiso de los unos con los otros.

La vida en grupo (tanto en reuniones como fuera de estas) es lo que las personas buscan. Desean recibir comprensión, cuidado y desarrollo. Para que esto se haga realidad, los líderes necesitan crear un ambiente de grupo que satisfaga dichas necesidades y conduzca a los miembros hacia una mayor semejanza con Cristo. Entender esta parte sentará las bases para dirigir encuentros grupales con el propósito de cambiar vidas de acuerdo a las metas y propósitos que Dios tiene para tu grupo pequeño.

VALORES DEL GRUPO

VALORES CLAVE DE LOS GRUPOS PEQUEÑOS

Todos los grupos funcionan de acuerdo a ciertos valores y expectativas. A menudo estos no se expresan ni se escriben. Con el objetivo de fomentar la comunicación franca y la claridad con respecto al propósito y los valores del grupo, es importante que pongas por escrito sus valores fundamentales. A continuación encontrarás valores que son clave para las relaciones dentro de los grupos pequeños. Esta es solo una muestra de una serie de valores. Tú y tu grupo deben crear su propia lista con la clase de valores esenciales para tu grupo. Repetimos, ten en cuenta tu ministerio a la hora de decidir el enfoque correcto para tu grupo. Lo importante es que tus miembros estén comprometidos a crecer en las relaciones interpersonales y en la madurez en Cristo.

1. **Afirmación.** Es importante crear una atmósfera donde los miembros del grupo se afirmen y animen unos a otros, se edifiquen mutuamente en Cristo y se ayuden a crecer.

2. **Disponibilidad.** Los miembros del grupo y sus recursos deben estar disponibles para todos. El tiempo, la atención, los consejos y también los recursos materiales deben estar disponibles para todos con el objetivo de satisfacer las necesidades y servirse unos a otros.

3. **Oración.** La oración es muy valiosa para la vida del grupo. El grupo se reúne ante Dios para alabar, pedir, confesar y darle gracias por todo lo que ha hecho. La oración anima a los miembros del grupo a ser humildes, al saber que todo proviene de Dios. En oración también se estiman más y llegan a comprender su propio valor. A medida que ven cómo Dios actúa para responder los motivos de oración de los miembros, todo el grupo se animará grandemente.

4. **Franqueza.** La franqueza en las relaciones dentro del grupo promueve la honestidad y facilita la comunicación de sentimientos, luchas, alegrías y dolores. Ser honestos los unos con los otros y abrir el grupo a nuevos miembros es el primer paso para alcanzar el objetivo de establecer relaciones auténticas.

5. **Honestidad.** El deseo de ser honestos los unos con los otros es esencial para lograr relaciones auténticas. Para edificar la confianza dentro del grupo, los miembros tienen que hablar la verdad en amor y así «creceremos hasta ser en todo como aquel que es la cabeza, es decir, Cristo» (Efesios 4:15).

6. **Seguridad.** Las relaciones francas y honestas deben protegerse con un acuerdo de seguridad: aquello que se dice dentro del grupo debe ser confidencial, hay que respetar las opiniones y aceptar las diferencias.

7. **Confidencia.** Como parte del concepto de seguridad, la confidencia propicia la franqueza al prometer que no se comentará afuera lo que se converse dentro del marco del grupo.

8. **Sensibilidad.** El compromiso de ser sensible a las necesidades, los sentimientos, la procedencia y las situaciones actuales de otros miembros del grupo ayudará a edificar relaciones dentro del grupo.

«Para ver tengo que querer que me vean. Si alguien se quita sus gafas para el sol lo puedo escuchar mejor».
HUGH PRATTER

9. **Rendir cuentas.** En las relaciones auténticas, rendir cuentas es una sumisión voluntaria a otro miembro o miembros del grupo con el objetivo de recibir apoyo, ánimo y ayuda en algún aspecto en particular de tu vida, y de esta forma le otorgas alguna responsabilidad para que te ayuden en esto.

10. **Evangelismo.** Como grupo, el evangelismo tiene el objetivo de expandir la comunidad de creyentes a través de cosas tales como hablar de la fe, usar la «silla vacía» para invitar a la gente al grupo u otros tipos de actividades de alcance.

11. **Multiplicación.** Hacer que el grupo crezca y con el tiempo dar lugar al nacimiento de un nuevo grupo los capacita para llevar a cabo la visión de ver más personas involucradas en la comunidad cristiana, creciendo en su relación con Cristo.

VALORES CLAVE DE LOS GRUPOS PEQUEÑOS

Afirmación

Disponibilidad

Oración

Franqueza

Honestidad

Seguridad

Confidencia

Sensibilidad

Rendir cuentas

Evangelismo

Multiplicación

FORMACIÓN DE UN GRUPO

LANZA UNA VISIÓN PARA TU GRUPO

Una visión es inspiradora. Es el cuadro de un futuro preferido, de lo que quieres llegar a ser. Una visión debe ser retadora y algo por lo que valga la pena luchar. Por ejemplo, una declaración de la visión de un grupo puede ser así:

Convertirse en una comunidad de fe que se parece a Cristo y que crece espiritualmente a través del estudio de la Palabra, crece en sus relaciones a través del servicio y del cuidado mutuo, crece emocionalmente a través de la comunicación honesta y vulnerable y crece en número al añadir dos nuevas personas al grupo este año.

«La visión para el ministerio es un reflejo de lo que Dios quiere lograr a través de ti para edificar su reino».
GEORGE BARNA
THE POWER OF VISION

Una declaración de la visión tiene que ser:

1. **Concisa.** Se requiere esfuerzo para resumir una visión en una o dos oraciones. Pero esto también obliga al grupo a escoger palabras muy específicas para definir la visión. Las largas y complicadas declaraciones de visión son difíciles de recordar y difíciles de comunicar.

2. **Clara.** Asegúrate de que tu visión sea clara y fácil de comprender. Por ejemplo, en la declaración de visión que aparece arriba queda claro que el grupo desea crecer desde los puntos de vista personal y numérico como grupo.

3. **Coherente.** ¿Es la visión coherente con respecto a la misión general de la iglesia? Tu declaración de visión para el grupo de alguna manera debe relacionarse directamente con el propósito de la iglesia.

4. **Retadora.** ¿Es tu declaración de visión algo a lo que te puedes aferrar con uñas y dientes? ¿Es algo por lo que vale la pena luchar? ¿Refleja la pasión del grupo?

5. **Fácil de comunicar.** ¿Pueden los miembros de tu grupo comunicar la visión? La visión se debe redactar de modo que las palabras sean fáciles de decir y de recordar. La declaración de visión que aparece arriba se enfoca en los conceptos de crecimiento espiritual, crecimiento interpersonal, crecimiento y madurez emocional y crecimiento numérico.

6. **Colaboradora.** ¿Se redactó la declaración de visión con la colaboración del grupo? Es clave que trabajes con los miembros de tu grupo (y en los grupos de algunos ministerios debes trabajar por lo menos con los que asisten regularmente a ese grupo) para redactar una declaración de visión que refleje los valores del grupo en su conjunto. Mientras más se adueñe el grupo de la visión, más se comprometerá con ella. Recuerda, la Biblia afirma: «Sin visión, el pueblo perece». Sin una visión, la gente de tu grupo vagará sin rumbo y sentirá que no tiene propósito alguno.

DESARROLLA OBJETIVOS PARA TU GRUPO

Planes para el cambio de vida

Queremos que nuestro grupo sea...	Fecha: Líder: Describe un cuadro de lo que quieres que sea tu grupo en los cuatro a seis meses siguientes. Anota las actividades y las fechas para completar esos pasos.
Madurar espiritualmente	Específicamente en _____ meses, nos gustaría ver a nuestro grupo... Como líder, daré los siguientes pasos: Para la fecha siguiente:
Desarrollar las relaciones	Específicamente en _____ meses, nos gustaría ver a nuestro grupo... Como líder, daré los siguientes pasos: Para la fecha siguiente:

Planes para el cambio de vida (continuación)

Queremos que nuestro grupo sea…	Describe un cuadro de lo que quieres que sea tu grupo en los cuatro a seis meses siguientes. Anota las actividades y las fechas para completar esos pasos.

Propiciar la seguridad

Específicamente en ____ meses, nos gustaría ver a nuestro grupo…

Como líder, daré los siguientes pasos:

Para la fecha siguiente:

Generar entusiasmo

Específicamente en ____ meses, nos gustaría ver a nuestro grupo…

Como líder, daré los siguientes pasos:

Para la fecha siguiente:

Dar la bienvenida a las personas externas

Específicamente en ____ meses, nos gustaría ver a nuestro grupo…

Como líder, daré los siguientes pasos:

Para la fecha siguiente:

Prepararse para el nacimiento de otro grupo

Específicamente en ____ meses, nos gustaría ver a nuestro grupo…

Como líder, daré los siguientes pasos:

Para la fecha siguiente:

COMPONENTES ESENCIALES DE LA VIDA DEL GRUPO

Aunque existen muchos tipos de grupos diferentes, todos los grupos tienen varios componentes y procesos grupales en común.

Hay seis componentes esenciales que todo grupo debe esforzarse por tener. Ya sea que se trate de un grupo de tareas, un grupo de niños, un grupo de adultos que se reúne en los hogares o un grupo de apoyo, estos componentes distinguen el contexto de la experiencia de su grupo pequeño. Algunos grupos enfatizarán algunos de estos componentes más que otros, dependiendo del enfoque del grupo. Pero los seis deben estar presentes en la vida de todo grupo pequeño.

1. **Buscar la transformación espiritual.** Cuando la verdad de las Escrituras impacta la vida de los miembros del grupo, existe la oportunidad para la transformación. Algunos grupos solo se concentran en las verdades doctrinales y el estudio de la Biblia, mientras que otros se enfocan básicamente en las necesidades y preocupaciones. Los grupos que tienen como objetivo lograr una transformación para ser más como Cristo tienen que leer, estudiar, hablar la verdad y aplicarla en la vida. Tales grupos deben preguntarse: «¿Cómo cambiaremos o responderemos ante la verdad que hemos estudiado y debatido?» No te conformes con obtener información, busca la transformación. Permite que el Espíritu Santo trabaje sembrando la verdad en tu corazón para que ocurra un crecimiento y un cambio duradero.

2. **Practica el pastoreo intencional.** «¿Nos concentramos en cuidar de la gente o en el discipulado?» La respuesta es «¡En ambos!» Los miembros de los grupos que se ayudan mutuamente a crecer y que a la vez cuidan a las personas en necesidad, muy raras veces tendrán problemas de asistencia. Cuando nos cuidamos los unos a los otros afirmamos que la iglesia es una familia. Cuando nos instruimos mutuamente para ejercer el ministerio y para crecer, estamos equipando soldados para la batalla. Cada líder debe hacer frente a la tensión de cuánto esfuerzo debe dedicar para cuidar de las personas y cuánto tiempo debe invertir en su desarrollo. El pastoreo intencional tiene lugar cuando los líderes animan a los miembros del grupo a practicar con regularidad ambas cosas. Las Escrituras afirman: «anímense y edifíquense unos a otros» (1 Tesalonicenses 5:11).

3. **Edificar relaciones auténticas.** A menudo los grupos tienen dificultad para definir su propósito relacional. «¿Nos concentramos en construir amistades o nos enfocamos en la rendición de cuentas?» La respuesta es «¡Sí! En ambas cosas». Todos queremos tener amigos, personas con las cuales reír y llorar, personas con las cuales socializar, personas con las que simplemente podamos «pasar un rato». Pero la amistad sin rendir cuentas produce poco crecimiento espiritual. Los buenos amigos de veras se interesan por nosotros, desafían nuestro pensamiento y nos recuerdan que debemos mantener nuestros compromisos. Un gran ejemplo de esta dinámica es el de Jonatán y David (1 Samuel 20) y el de Jesús y sus discípulos (Juan 15:9-17).

4. **Promueve el conflicto saludable.** Nadie disfruta el conflicto. De hecho, la mayoría de nosotros hará cualquier cosa por evitarlo y deseará que el problema se solucione. La pregunta es: «¿Cómo lidiamos con los problemas relacionales sin destruir la comunidad que estamos tratando de edificar?» Cuando se presenta alguna dificultad en una relación, algunas personas casi siempre responden con amabilidad. Esperan que si tratan con delicadeza al que ofendió, sin señalar la ofensa o el pecado presente, de alguna manera borrarán el problema. Otros prefieren la confrontación frontal y enseguida

señalan los errores del otro y exigen que se arrepienta y sienta contrición. La amabilidad y la confrontación, cuando van de la mano, promueven la reconciliación y crean un ambiente adecuado para enfrentar los asuntos difíciles con gracia y verdad (Efesios 4:25-32).

5. **Sirve con amor.** Servir a otros promueve el amor y el crecimiento espiritual. Los grupos que sirven juntos por lo general forman lazos de comunidad más fuertes que aquellos que solo se reúnen para estudiar la Biblia y orar. Algo asombroso sucede cuando los grupos sirven unidos y establecen relaciones sobre la base del amor. La comunidad se desarrolla y las tareas se cumplen. Los grupos que se enfocan en las tareas deben insistir en la edificación de la comunidad y los grupos que solo se reúnen en los hogares tendrán que identificar formas para servir a otros fuera del grupo o fuera de la iglesia.

6. **Cumple el propósito divino.** Dios nos ha llamado a amarnos los unos a los otros (Juan 13:35) y a ganar al mundo perdido para él (Mateo 28:18-20), lo que requiere que el grupo tenga intimidad y a la vez practique la franqueza. Recuerda que todavía hay muchos en tu iglesia y fuera de ella que necesitan una comunidad donde se practique el amor. Si acaparamos lo que tenemos o no nos amamos los unos a los otros como hermanos y hermanas, desobedecemos a Dios.

Cuando los grupos pequeños deciden entretejer estos seis componentes en la tela de la experiencia en comunidad, Dios derrama su amor y bendición sobre cada miembro. Es algo en realidad asombroso.

LA COMUNICACIÓN EN UN GRUPO PEQUEÑO

La comunicación es esencial para desarrollar relaciones saludables, familias saludables e iglesias saludables. La comunicación también es fundamental en los grupos pequeños. Sin una comunicación apropiada con Dios y con las personas, tu grupo se estancará y se volverá superficial. Los siguientes cuatro canales de comunicación (adaptados de Ralph Neighbor) caracterizan a un grupo pequeño saludable.

1. **Dios al grupo.** La gente quiere oír de Dios. Buscan su voluntad y desean escuchar su voz. Emplea un tiempo en tu grupo para estar en silencio y leer las Escrituras. Escucha mientras el Espíritu Santo obra a través de la Palabra de Dios para convencerte y desafiarte. Escucha la voz tranquila y suave del Señor comunicando su propósito para tu grupo o para una situación específica a través del Espíritu, de otras personas o a través de su Palabra.

2. **El grupo a Dios.** No solo escuchamos a Dios sino que también le respondemos. Una respuesta puede tomar la forma de una oración, una alabanza, una lectura de un pasaje bíblico que dedicamos a Dios, una canción o una devoción tranquila en la que expresamos nuestros sentimientos a Dios.

3. **Un miembro a otro miembro.** La comunicación vulnerable, auténtica y confiable entre los miembros del grupo hará posible que tu grupo se convierta en un poderoso medio para cambiar vidas. Los grupos crecen cuando los miembros se expresan unos a otros sus sentimientos, palabras de ánimo o heridas. Recuerda, Jesús dijo: «y conocerán la verdad, y la verdad los hará libres» (Juan 8:32). Los grupos que se caracterizan por hablar la verdad son grupos que expresan la libertad en Cristo. Cuando los miembros dicen la

verdad con amor y delicadeza, evitan que los grupos se vuelvan superficiales y pretensiosos.

4. **El grupo al mundo.** Es nuestra responsabilidad como creyentes llevar el mensaje del evangelio a un mundo perdido y moribundo. Como grupos, proclamamos la verdad cuando tenemos la oportunidad de conversar con personas que no se congregan en la iglesia. Proclamamos la verdad tanto verbalmente como con nuestros hechos. Piensa en cómo tu grupo actuará para llevar el mensaje del cristianismo a la comunidad y al mundo.

ETAPAS DE LA VIDA DE UN GRUPO

Los grupos, como todos los organismos vivientes, tienen diferentes etapas de desarrollo. El siguiente cuadro te ayudará a prepararte para cada etapa. A menudo los líderes se culpan por los cambios en las dinámicas del grupo que en realidad son, simplemente el resultado de un cambio en el desarrollo del ciclo del grupo. Usa este cuadro para tomar una «fotografía» de tu grupo y para planificar una estrategia que les permita moverse con éxito hacia cada etapa. (Este cuadro es una adaptación del Small Group Leader's Handbook de Intervarsity).

Ayudar a los miembros del grupo a procesar los dolores del crecimiento

Etapa	Formación	Exploración	Transición	Acción	Nacimiento	Terminación
# de encuentros por etapa	4-6	6-10	4-8	12-24	4-8	2-6
Preguntas de los miembros	¿Quién está en mi grupo?	¿Encajo aquí? ¿Cómo le va a nuestro grupo?	¿Somos realmente francos unos con otros? ¿Cumplirá este grupo su misión?	¿Cómo haremos esto? ¿Qué podemos lograr juntos? ¿Correremos el riesgo?	¿Sobreviviremos? ¿Cómo cambiaremos?	¿Crecimos? ¿Qué aprendimos? ¿Me uniré a otro grupo?
Sentimientos de los miembros	Emoción Expectativa Dificultad	Cómodos Relajados Abiertos	Tensos Ansiosos Impacientes Dudosos	Entusiastas Abiertos Vulnerables Colaboradores	Dolor Entusiasmo Pérdida Anticipación Temor	Respetuosos Reflexivos Agradecidos Tristes
Papel de los miembros	Reunir información acerca de otros	Brindar información Aceptar a otros	Proveer retroalimentación Expresar la frustración	Expresar los sentimientos Usar mis dones Aceptar como tuyas las actividades del grupo Aceptar los desafíos	Expresar preocupaciones Aceptar la realidad Debatir los cambios Bendecir	Mostrar amor Expresar gratitud Afirmar las relaciones
Reacción del líder	Interesarse Ser claro Comprensivo	Afirmación Retroalimentación Calidez Modelar	Confrontar Animar Retar	Retar Afirmar Guiar Liberar	Escuchar activamente Reconocer los sentimientos Afirmar a los miembros	Repasar Reflexionar Responder
Papel del líder	Comunicar la visión Promover intercomunicación Definir metas	Generar confianza Debatir valores Facilitar relaciones Crear pacto	Propiciar la auto-revelación Reexaminar el pacto Ser flexible	Proporcionar oportunidades para servir Aclarar las metas Empezar a buscar 2do. aprendiz Celebrar los resultados	Proyectar la visión Orar por el nacimiento Crear subgrupos Comunicarse con el aprendiz	Celebrar Dar regalos Comunión Fomentar aceptación
Contenido de la comunicación	Programas Temas Hechos	Temas Personas Grupo Naturaleza de Dios	Pensamientos individuales Sentimientos Valores Plan de Dios	Relaciones de grupo Tareas La obra de Dios	Personas Liderazgo Visión Los deseos de Dios	Relaciones Personas La bendición de Dios
Estilo de comunicación	Receptivo General Breve	Descriptivo Social Explicativo	Aseverativo Argumentativo Directivo En una dirección	Relaciones de grupo Tareas La obra de Dios	Especulativo Cooperativo Interactivo En dos direcciones Frontal	Interactivo Frontal Expresivo Reflexivo Comprensible Afirmador

PACTOS DE LOS GRUPOS PEQUEÑOS

Los pactos son expresiones de los valores, las expectativas y las conductas del grupo por las cuales han acordado rendirse cuentas o ser responsables el uno del otro. Entramos en las relaciones de un pacto basándose en el compromiso y la aceptación mutua. Los pactos se basan en el amor y la lealtad y solo son válidos si todas las partes se esfuerzan por cumplir las obligaciones de dicho pacto. En algunos casos, una parte puede optar por mantener el pacto a pesar de la infidelidad de la otra parte (como a menudo lo hizo Dios con Israel). Por lo tanto, los pactos son acuerdos comprometedores que propician la confianza y contribuyen a construir la comunidad. No todos los grupos crean un pacto por escrito, pero la mayoría de los grupos por lo menos tienen expectativas y valores que, aunque no estén escritos, el grupo los comprende. Al redactar un pacto por escrito (consulta a tu ministro de liderazgo para esto), usa las siguientes pautas para ayudarte en el proceso.

CLAVE PARA FORMAR PACTOS

1. El grupo debe generar los valores alrededor de los cuales un grupo hace un pacto, el líder no los debe imponer.
2. Los pactos de grupo siempre deben estar escritos en primera persona del plural (nosotros). No obstante, cada individuo debe reafirmarlos.
3. Los pactos se deben reafirmar cada cierto tiempo para que los miembros recuerden su compromiso de los unos con los otros.
4. Los pactos deben tener en cuenta la logística y los valores que reafirman las metas y los propósitos del grupo.

Logística
- dónde y cuándo se van a reunir
- con qué frecuencia se van a reunir
- quién va a dirigir
- quién se encargará de los refrigerios
- expectativas de asistencia

Valores
- silla vacía
- responsabilidad
- franqueza
- confidencia
- aceptación

5. Los pactos tienen que formarse con el tiempo a través de un proceso que involucre a todos los miembros. Para brindar un ejemplo de cómo debe ser dicho proceso, hemos incluido una muestra.

Proceso para hacer pactos que contribuyen a crear la comunidad

Encuentro #1: Entrega una tarjeta de 3x5 pulgadas y pide a los miembros del grupo que escriban dos o tres valores/conductas que esperan que otros tengan en el grupo.

Encuentro #2: El líder compila una serie de valores que se debatieron en el encuentro anterior y los escribe en una hoja. Pide al grupo que se divida en subgrupos de dos o tres personas y que los coloquen en orden de importancia e identifiquen los cinco más importantes.

Encuentro #3: El líder presenta los valores más importantes que se compilaron la semana anterior y presenta una lista final de los cinco o siete valores más importantes. (En realidad no necesitas más que cinco o siete. La mayoría de los grupos no pueden recordar más allá de ese número, de modo que trata de enfocarte en los valores clave.)

Pide a cada subgrupo que escriba una [...] uno o dos de estos valores, preséntalas al gr[...] preséntala una vez más en su redacción final. Es[...]os, pero valdrá la pena.

Encuentro #4: E[...]alores con una explicación de una o dos o[...]embros firman el pacto y acuerdan conducir[...]roceso completo puede tomar uno o dos enc[...]s encuentros si el grupo así lo desea.

Nota: En la pági[...]e un pacto. Siente plena libertad de copiar[...]ar el tuyo.

Muestra de un p[...]

Líder_____
Aprendiz/ces_____

1. El propósito/s del gru[...]
   _____

2. Nos reuniremos durar[...]aremos nuestra dirección.

3. Nos reuniremos desde[...]a poder comenzar y terminar a tiempo.

4. Nos reuniremos en (lu[...]

5. Nos relacionaremos co[...]e _____
   _____

6. Nos desarrollaremos y [...]

7. Serviremos a la iglesia y al mundo a través de _____

8. Estamos de acuerdo con los siguientes valores primarios para nuestro grupo:

   Participación: Todos los miembros tienen el derecho de tener su propia opinión y las preguntas «tontas» se fomentan y respetan.
   Confidencia: Lo que se diga en el encuentro que sea de naturaleza personal no se repetirá fuera de la reunión.
   Silla vacía: El grupo permanece abierto para nuevos miembros siempre que se comprometan con el pacto. El proceso para llenar la silla vacía en nuestro grupo será…
   Nacimiento de otro grupo: En el momento apropiado, este grupo comenzará el proceso de nacimiento mediante…
   Aprendiz(ces) de liderazgo: Nos esforzaremos por identificar y desarrollar los aprendices en nuestro grupo mediante…
   Otros:

9. Insistiremos en involucrar a los miembros para que tengan uno de los siguientes papeles o responsabilidades: líder, aprendiz(ces), líderes de subgrupos, anfitrión/anfitriona, coordinador de oración, planificador de actividades, administrador, coordinador de proyectos de servicio, etcétera.
   _____
   _____
   _____

(Por favor, firma y entrega una copia a tu mentor o director)

RECURSOS

Preguntas frecuentes acerca de la vida del grupo

P   *¿Qué pasa si los valores de los miembros de nuestro grupo son diferentes a los míos como líder?*

R   Para desarrollar relaciones estrechas o un grupo cohesivo, las personas tienen que aprender a hacer concesiones. Es importante que tú, como líder, no impongas tu agenda al grupo. Es preferible que tengan unos pocos valores en común y que se genere la confianza dentro del grupo antes que imponer una escala de valores más amplia y ofender a los miembros del grupo. Realmente hay al menos dos o tres valores fundamentales con los que todos pueden estar de acuerdo. Comienza con esos y comenzarás a edificar la confianza. Una vez que exista confianza, puedes empezar a animar al grupo a considerar otros valores a medida que proyectas la visión para la dirección del grupo.

P   *Mi grupo parece ir para atrás y para adelante entre las diferentes etapas. ¿Es esto normal?*

R   El cuadro que explica las etapas de la vida de un grupo lo hemos incluido solo para guiarte en la clase de actividades y acciones que tienen lugar en cada etapa. De hecho, es muy normal que los grupos vayan para atrás o para adelante a través de las diferentes etapas o que incluso recorran todas las etapas más de una vez. A medida que los grupos adquieren un nivel más alto de madurez y acción, tienden a repetir las etapas de exploración, transición y acción. Conversa con tu mentor para determinar formas útiles de trabajar con tu grupo durante cada etapa.

RECURSOS ADICIONALES

The Big Book on Small Groups de Jeffrey Arnold (Intervarsity)
Este libro provee una visión general muy buena acerca de los grupos pequeños.

Community that is Christian de Julie Gorman (Victor)
Este es un estudio exhaustivo e integral acerca de los grupos pequeños. Es recomendable para alguien que estudie a profundidad la vida de los grupos pequeños y que desee ir más allá de las bases para liderar un grupo pequeño y de la estructura básica del grupo pequeño.

Cómo liderar grupos pequeños de Neil McBride (CLC)
Los capítulos 3, 4 y 5 son muy útiles para los líderes que desean comprender mejor cómo se forman y crecen los grupos a través de las diferentes etapas de desarrollo.

Life Together de Dietrich Bonhoeffer (HarperCollins)
Es una lectura obligada para todo aquel que tome en serio el llamado a la comunidad cristiana.

Small Group Leaders Handbook (Intervarsity)
Este libro lo escribió un grupo pequeño y es útil para articular las etapas de vida de un grupo pequeño y para proporcionar algunas actividades e ideas acerca de cómo guiar a tu grupo.

Transitions de William Bridges (Addison Wesley)
Este es un libro secular que trata el asunto de las transiciones personales y las etapas de vida. Los principios que se tratan en el libro también pueden aplicarse a las organizaciones o grupos.

Parte cinco

CÓMO DIRIGIR LAS REUNIONES

Las reuniones de los grupos pequeños pueden ser frustrantes o emocionantes, ¡a menudo a la misma vez! Las posibilidades son innumerables si tomas en cuenta todas las personalidades y las dinámicas presentes en un grupo. Existen muchos factores, algunos más allá de tu control, para hacer posible que la experiencia sea de caos o de comunidad. Pero puedes hacer muchas cosas para ver la obra poderosa del Espíritu Santo durante los encuentros en tu grupo.

En esta parte te ayudaremos a prepararte para una reunión y a comprender diversas dinámicas de grupo que están presentes. Existen ciertas habilidades que necesitarás para liderar eficientemente un grupo durante todo el tiempo que este permanezca activo. Pero no te sientas abrumado. No tienes que dominarlas todas desde el comienzo. También hemos incluido algunos materiales para ayudarte a poner en práctica estas habilidades para el liderazgo. Para terminar, mencionamos algunas herramientas que puedes usar para evaluar tu grupo y tu liderazgo, lo que te proporcionará la retroalimentación que necesitas durante todo el trayecto. Así que prepárate para transformar las reuniones de los grupos pequeños en emocionantes momentos donde serás testigo de la obra de Cristo edificando su iglesia.

PREPARACIÓN

PREPARACIÓN DE LA REUNIÓN

Si como líder llevas a cabo un trabajo serio y enfocado para preparar y planificar las reuniones de tu grupo, este será mucho más eficiente y exitoso. La preparación hace posible tres cosas:

- Comunica a los miembros que tienes un sentido de dirección y liderazgo.

- Permite que el grupo confíe en tu liderazgo.

- Te permite alterar el curso de una reunión (si es necesario) porque eres capaz de hacer elecciones con respecto a qué asuntos tratarás durante el encuentro.

Preparar el escenario para una reunión eficiente

1. Analiza bien el planificador de reuniones (se describe abajo).

2. Asegúrate de que todos conozcan dónde y cuándo se llevará a cabo la reunión.

3. Si tienes un anfitrión o anfitriona, pregúntale los detalles acerca de la reunión.

Un anfitrión o anfitriona debe:

- Crear una atmósfera cálida y solícita

- Asegurar que los refrigerios, las sillas, etc., estén en orden

- Saludar a la gente a medida que van llegando

Planificador de reuniones y la Lista de control para preparar las reuniones

En las páginas siguientes encontrarás dos herramientas que te ayudarán en tu próxima reunión. La primera herramienta es el Planificador de reuniones.

El Planificador de reuniones te ayuda a ordenar las ideas según el propósito de tu grupo.

La Lista de control para preparar las reuniones se resume en el acrónimo P.L.A.N., que responde a:

- Punto

- Logística

- Actividades

- Necesidades

Después de usar varias veces la Lista de control para preparar las reuniones, podrás preparar una reunión en tu mente, teniendo en cuenta el P.L.A.N. La Lista de control para preparar las reuniones se explica por sí misma. Si tienes más preguntas sobre cómo usarla o cómo se aplica a tu tipo de grupo o ministerio en particular, consulta a tu mentor o a los líderes de tu ministerio.

Planificador de reuniones

Líder: Fecha de la reunión:

Agenda

Comienzo	Final	Asunto	Quién

Notas:

Planificador de reuniones (continuación)

Resultado deseado

Quiero que los miembros
de mi grupo CONOZCAN…

Quiero que los miembros
de mi grupo SIENTAN…

Quiero que los miembros
de mi grupo HAGAN…

Quiero que los miembros
de mi grupo PLANIFIQUEN…

Resumen Post-reunión   Asistencia:_____

AGENDA	HISTORIAS PERSONALES
¿Qué funcionó bien?	Cosas que celebramos:
¿Qué estuvo débil?	Preocupaciones:

Planificador de reuniones

Líder: _Boris y María Sánchez_   Fecha de la reunión: _20 de abril_

Agenda

Comienzo	Final	Asunto	Quién
7:00	7:15	Rompehielos	Boris
7:15	7:20	Oración por la reunión	Susana (aprendiz)
7:20	8:10	Estudio y debate	María
8:10	8:25	División en subgrupos para orar	Boris
8:25	8:35	Proyecto del Plan de Servicio	Carlos (aprendiz)
8:35	8:45	Ideas para la silla vacía	Todos
8:45	9:00	Refrigerios	Familia González

Notas:

Planificador de reuniones (continuación)

Resultado deseado

Quiero que los miembros
de mi grupo CONOZCAN…

Quiero que los miembros
de mi grupo SIENTAN…

*Los dones espirituales
que se mencionan
en Romanos 12,
1 Corintios 12,
Efesios 4*

*Son valiosos ante Dios
y ante los otros
porque son únicos*

*La evaluación
de los dones
en el Cuaderno
de la red*

*Cómo esperan empezar
a usar sus dones*

Quiero que los miembros
de mi grupo HAGAN…

Quiero que los miembros
de mi grupo PLANIFIQUEN…

Resumen Post-reunión   Asistencia: __10__

AGENDA	HISTORIAS PERSONALES
¿Qué funcionó bien?	Cosas que celebramos:
El enfoque de los dones (¡el grupo realmente estaba listo para esto!)	*El nuevo papel de Sonia en nuestro ministerio para escuelas secundarias*
¿Qué estuvo débil?	Preocupaciones:
El rompehielos (demasiado sencillo para la etapa en que está el grupo)	*Marcos y Rita parecían preocupados (hacer una cita con ellos para almorzar)*

Lista de control para preparar las reuniones (P.L.A.N.)

P: Punto
¿Cuál será el objetivo de la reunión?

☐ Escribe las oraciones sobre lo que deseas que los miembros de tu grupo
CONOZCAN, SIENTAN, HAGAN, PLANIFIQUEN
☐ Escribe la agenda de la reunión en el Planificador de reuniones

_____

_____

L: Logística
¿Está preparado el escenario para la reunión?

☐ Sillas
☐ Distracciones eliminadas (teléfonos, ruidos, otras personas)
☐ Silla vacía en su lugar
☐ Temperatura
☐ Iluminación
☐ Refrigerios
☐ Música de fondo durante la llegada
☐ Arreglos para el cuidado de los niños
☐ Lugar donde se celebrarán la(s) reunión(es) futura(s)

_____

_____

A: Actividades
¿Qué sucederá durante la reunión?

☐ Comenzar con un rompehielos que ayude a relacionar al grupo
☐ Entrenamiento especial de habilidades
☐ Oración en grupo
☐ Juego/actividad social
(asegúrate de tener todos los materiales que necesitas)
☐ Desarrollo de la agenda
☐ Tiempo para el debate bíblico
☐ Anuncios que se harán

_____

_____

N: Necesidades
¿Qué está pasando en la vida de los miembros del grupo?

☐ Problemas sin resolver entre los miembros
☐ Necesidades financieras
☐ Decisiones difíciles que deben tomarse
☐ Preocupaciones sobre la salud
☐ Asuntos familiares

_____

_____

SELECCIÓN Y USO DEL CURRÍCULO ADECUADO

Seleccionar un currículo puede convertirse en una tarea abrumadora al considerar el número de opciones que en la actualidad están disponibles en las librerías. El organigrama que aparece en la página siguiente y que trata el tema de Escoger el currículo está diseñado para ayudarte a escoger entre la gran cantidad de materiales y encontrar algo que tu grupo necesite.

Algunas pistas acerca de los currículos

1. Los currículos nunca deben «estar a cargo» del grupo. Es un error desaprovechar las oportunidades para extender un servicio o un tiempo de oración, o cortar una actividad necesaria para edificar la comunidad porque «tenemos que guiarnos por el currículo». Recuerda a los líderes del grupo que Jesús no dijo: «¡Vayan por todo el mundo y cumplan el currículo!» Tu objetivo primordial es hacer discípulos (seguidores de Cristo) que sean obedientes a Jesús, que se sometan al Espíritu y que se amen los unos a los otros.

2. Nunca sustituyas un currículo por la Biblia. Los currículos y las guías de estudio deben usarse para mejorar el propósito del grupo y para llevar a la gente a estudiar las Escrituras.

3. No te sientas obligado a terminar todas las preguntas. Los líderes competentes saben qué preguntas formular y cuántas hacer. Si un currículo tiene demasiadas preguntas, entonces escoge las mejores (cinco a siete preguntas como máximo). En muchas ocasiones, dos o tres buenas preguntas seguidas del tipo correcto de proceso grupal son más que suficientes. Es mejor que se desarrolle un buen debate sobre la base de unas pocas buenas preguntas que responder todas las preguntas a un nivel superficial. El objetivo es que todas las personas se involucren activamente con la verdad de la Palabra de Dios y cómo esta se relaciona con su corazón y su crecimiento.

4. Asegúrate de que el currículo sea «propiciador de amistades en el grupo». Muchos estudios para grupos pequeños están diseñados para entender la Biblia, no para construir relaciones ni para generar un sentido más profundo de comunidad y bondad. Debes ocuparte no solo de las preguntas sino también del proceso. ¿El currículo favorece el debate? ¿Incluye preguntas que favorezcan la auto-revelación personal y que reten a la gente a abrirse y conversar acerca de sus vidas? ¿O está lleno de preguntas «qué» basadas en el contenido, que a menudo no prestan atención a las preguntas «por qué»?

5. Una sección de aplicación que simplemente pregunte: «¿Cómo se aplicaría esto a tu vida?» es débil. Pero las preguntas apelarán las motivaciones, los pensamientos, los sentimientos y las necesidades de la gente si el escritor hace preguntas como: «En este pasaje queda claro que necesitamos hablar de nuestra fe a otros. También queda claro que todos sabemos cómo hacerlo y que esto agradará a Dios. Pero hablemos acerca de por qué a ti y a mí nos resulta tan difícil iniciar conversaciones sobre temas espirituales con aquellos que se encuentran en la búsqueda espiritual. ¿Existen temores u otras barreras que enfrentas para comunicar el evangelio? ¿Cómo te sientes cuando te imaginas hablando acerca de Cristo con una persona que no es salva?» Solo entonces podemos de verdad animarnos y orar los unos por los otros.

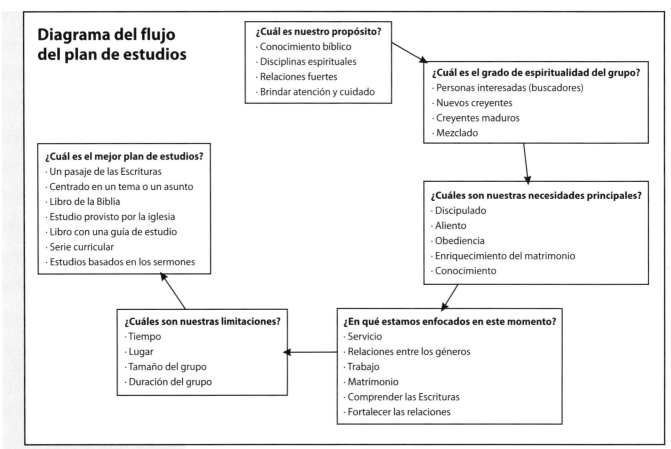

Diagrama del flujo del plan de estudios

¿Cuál es nuestro propósito?
· Conocimiento bíblico
· Disciplinas espirituales
· Relaciones fuertes
· Brindar atención y cuidado

¿Cuál es el grado de espiritualidad del grupo?
· Personas interesadas (buscadores)
· Nuevos creyentes
· Creyentes maduros
· Mezclado

¿Cuál es el mejor plan de estudios?
· Un pasaje de las Escrituras
· Centrado en un tema o un asunto
· Libro de la Biblia
· Estudio provisto por la iglesia
· Libro con una guía de estudio
· Serie curricular
· Estudios basados en los sermones

¿Cuáles son nuestras necesidades principales?
· Discipulado
· Aliento
· Obediencia
· Enriquecimiento del matrimonio
· Conocimiento

¿Cuáles son nuestras limitaciones?
· Tiempo
· Lugar
· Tamaño del grupo
· Duración del grupo

¿En qué estamos enfocados en este momento?
· Servicio
· Relaciones entre los géneros
· Trabajo
· Matrimonio
· Comprender las Escrituras
· Fortalecer las relaciones

Preguntas clave cuando se escoge un plan de estudios

¿Cuál es nuestro propósito?

Cada grupo tiene un propósito y el plan de estudio debe apoyar ese propósito. El propósito puede cambiar a medida que el grupo pase por diferentes etapas de crecimiento, madurez y experiencia. Si un grupo comienza como un grupo de apoyo para personas que están sufriendo por la pérdida de seres queridos, el pan de estudios debe reflejar ese propósito. Pero a medida que las personas vayan saliendo de la etapa del luto, es posible que el líder vea que los miembros del grupo necesitan conocer más acerca de Dios. Como resultado, se pudiera adoptar un plan de estudios que abarque los atributos de Dios.

¿Cuál es el grado de espiritualidad del grupo?

Es sabio tomar el pulso espiritual de tu grupo para determinar el nivel adecuado del plan de estudios. Si en el grupo predominan los buscadores espirituales, entonces asegúrate de que las preguntas sean elementales. Escucha sin emitir juicios, no des la apariencia de tener todas las respuestas todo el tiempo. Trata los asuntos sin olvidar que son personas que buscan, permitiendo que procesen la información, hagan preguntas difíciles y presenten objeciones. Usa una versión de la Biblia que les sea fácil de leer y utilizar. The Journey (de Zondervan), es una Biblia para personas en la búsqueda espiritual, es una Biblia muy buena para este tipo de grupo.

Los creyentes nuevos y los cristianos en crecimiento tienen más facilidad para los análisis más profundos de la Biblia y están más dispuestos a tolerar la jerga religiosa. A pesar de eso, trata de evitar el uso de mucha terminología religiosa. Aunque los creyentes que han estado en la iglesia durante más tiempo pueden sentirse cómodos con términos como redención o justificación, evita usarlos mucho con nuevos seguidores de Cristo a menos que intentes dedicar el tiempo necesario para explicar adecuadamente el significado de esos términos.

¿Cuáles son nuestras necesidades principales?

Esta pregunta se relaciona con la del propósito pero permite que el grupo haga coincidir las necesidades reales con el propósito del grupo. Por ejemplo, un grupo de parejas pudiera desear crecimiento en las relaciones matrimoniales, pero es posible que en ese momento estén en un grupo de servicio diseñado para ayudar a suplir las necesidades de un refugio para personas sin hogar. Como parejas, pueden reunirse treinta minutos antes de su servicio para un breve estudio y debate sobre temas matrimoniales.

¿En qué estamos enfocados en este momento?

Algunas veces escogemos un plan de estudios que tiene como base las necesidades, pero no consideramos la visión de largo alcance para el grupo. Es posible que en este momento tu grupo esté terminando un estudio sobre el cristianismo en el trabajo. Ahora algunos en tu grupo desean estudiar Gálatas. ¿Por qué? ¿Cómo encaja esto con la dirección general del grupo para el próximo año? ¿Hay elementos en Gálatas que pudieran ser apropiados para dedicarles nuestra atención, o será mejor estudiar este libro cuando encaje mejor en el ciclo de vida del grupo?

Trata de proporcionar continuidad a menos que la situación exija claramente un cambio abrupto en el enfoque. Otro ejemplo, supongamos que tu grupo está completando un plan de estudio sobre crecimiento personal como *Honest to God?* de Bill Hybels, que tiene una guía de estudio al final. Ahora bien, tal vez sea apropiado identificar uno de los aspectos que se tratan en ese libro y realizar una serie más amplia de estudios sobre ese tema. La sección de finanzas y dinero, por ejemplo, puede ampliarse para tratar el uso de las finanzas de manera compasiva para beneficiar a los pobres. Este sería un paso importante para lanzar la visión de ayudar a los demás, y no se vería como un cambio abrupto en el plan de estudios.

¿Cuáles son nuestras limitaciones?

No desperdicies tiempo revisando un plan de estudios diseñado para dos horas si tu grupo solo tiene cuarenta minutos para reunirse cada semana. Asegúrate de haber considerado el tiempo, el lugar (¿estás en un ambiente donde hay mucha distracción?), y el tamaño del grupo (cuatro personas pueden tratar más preguntas que nueve, asumiendo que quieres que todos participen).

¿Debes hacer series largas sobre un asunto, o solo dedicarles dos o tres semanas? Si estás iniciando grupos como resultado de una actividad (como un retiro de mujeres), entonces no pidas a los grupos más de seis semanas de compromiso. Escoge un plan de estudios más breve y temático (los estudios bíblicos de Serendipity son un ejemplo). Pero si tienes un grupo que va a estar dos años en el desarrollo del liderazgo, puedes hacer más largo el proceso. La serie *Walking with God* de Don Cousins y Judson Poling es ideal para esto.

¿Cuál es el mejor plan de estudios?

Una vez que escojas el plan de estudio, recuerda que es tu siervo, no tu esclavo. Úsalo para ayudar a que las personas crezcan. Evalúa con regularidad y ajusta tus expectativas. Deséchalo si se convierte en un obstáculo. Concéntrate en las verdades bíblicas y en el cambio de la vida, y no te decepcionarás. No importa el método que uses —estudio de las Escrituras, temáticos, o preguntas de sermón— no te equivocarás si aplicas la verdad a la vida.

DINÁMICA DEL GRUPO

Cuando diriges una reunión es importante estar siempre atento a la dinámica del grupo. Esto requiere prestar atención a las distintas funciones que las personas tienen en los grupos, sus estilos individuales de aprendizaje, su personalidad y sus dones espirituales. La interacción de estos factores hace de cada grupo, un grupo único.

FUNCIONES DEL GRUPO

Muchas veces los miembros se encargan de ciertas funciones (algunas veces de forma consciente y otras sin siquiera saber que lo están haciendo). Las personas asumirán diferentes funciones en diferentes etapas de tu grupo. A continuación hay algunas funciones de apoyo y otras destructivas para el grupo que debes conocer.

Funciones de apoyo

1. El que busca información: les pide a otros miembros que hablen más acerca de sus vidas.

2. El que busca opiniones: toma un interés activo en lo que piensan los demás en el grupo.

3. El iniciador: ofrece nuevas ideas, nuevas formas de hacer las cosas. Muchas veces marca el ritmo en el debate.

4. El elaborador: desea más que solo los hechos en una historia. Añade «color» al debate.

5. El que alivia tensiones: a menudo utiliza un humor suave para aliviar las situaciones tensas. Utiliza la «identificación» para evitar que la persona tensa se sienta sola: «Te comprendo. Muchas veces yo me he sentido así».

6. El repasador: tiende a proporcionar frases resúmenes y declaraciones que aclaren.

7. El que busca consenso: observa para determinar lo que está pensando el grupo y si existe o no acuerdo acerca de temas o decisiones.

8. El alentador: busca maneras de edificar a otros en el grupo.

9. El abanderado: expresa los valores del grupo y los defiende.

Funciones destructivas

1. El agresor: insulta y critica a los demás. Puede mostrarse muy celoso.

2. El caza conejos: por lo general se centra en historias o asuntos que son ajenos al tema que se trata, pero que para él son emocionantes.

3. El que busca reconocimiento: tiende a centrarse sobre todo en sus propios logros o éxitos.

4. El dominante: monopoliza la interacción del grupo. Trata de controlar los debates.

5. El abogado de intereses especiales: tiende a centrarse en sus propios intereses sin importarle el tema ni la dirección del debate.

6. El negativo: puede ser un perfeccionista que nunca está satisfecho con nada. Está siempre presto a señalar la «parte mala» de un asunto o tema.

7. El que discute por insignificancias: se centra en los detalles. Muchas veces deja de ver el bosque por ver los árboles.

8. El bromista: en lugar de usar el humor positivamente, tiende a distraer a las personas con chistes y comentarios. A menudo esto es un mecanismo de defensa y lo usa cada vez que el debate se torna muy personal.

Tu trabajo como líder no es «catalogar» a cada persona para descubrir cuál es su función. Las funciones pueden cambiar con el tiempo. Tan solo necesitas estar consciente de que en un grupo existen estas funciones. Escucha a cada persona con espíritu y corazón sensibles. Haz preguntas exploratorias que ayuden a respaldar cada función. Si en tu grupo tienes problemas con algún tipo en particular de persona, consulta con tu asesor o líder de ministerio para que te ofrezcan vías de solucionar el problema y lidiar con esta relación.

ESTILOS DE APRENDIZAJE

Los que educan y preparan a los adultos muchas veces hacen referencia a ciertos «estilos de aprendizaje». Hay tres tipos principales de estilos de aprendizaje que utilizan los miembros de tu grupo. Un líder eficiente debe usar una variedad de técnicas para sus presentaciones y debates de manera que se comunique eficientemente con cada uno de los aprendices.

Aprendices visuales

Estas personas responden bien a los cuadros, diagramas y otros estímulos visuales. Por lo general prefieren que le den alguna hoja impresa y disfrutan las parábolas y las historias. Son pensadores visuales; es decir, responden bien a las descripciones vívidas y a las historias y estas les permiten «captar el cuadro» de lo que está sucediendo.

Consejos para el líder: Utilice notas impresas, artículos de periódicos, dibujos que bosquejen la historia, papel, lápices de colores y objetos para mantener la atención de los participantes que aprenden mediante la visión.

Aprendices de auditorio

Los aprendices de auditorio disfrutan aprender oyendo. Prefieren participar en una discusión de un asunto que leer un libro sobre el tema. Es posible que algunos de ellos sean lectores ávidos, pero en general, prefieren escuchar una historia que leerla.

Sugerencias para el líder: Use subgrupos para que todos los miembros participen en los comentarios. Permita que los miembros de su grupo respondan verbalmente a las preguntas y decisiones. Utilice música de fondo durante los tiempos de oración o al comienzo de las reuniones.

Aprendices kinésicos

A estos les gusta tocar y sentir las cosas. Les gusta participar en la acción. Ellos aprenden haciendo. Mientras que un aprendiz visual se siente motivado a ayudar a los pobres viendo una fotografía de la persona pobre en una emisión de la revista Newsweek, el aprendiz kinésico se motiva con un viaje misionero a los barrios pobres de la ciudad.

Sugerencias para el líder: Utiliza objetos y experiencias con tu grupo. Planifica salidas y actividades para que las personas experimenten la verdad en acción. Permite que los aprendices kinésicos aprendan mediante intentos y fracasos, en vez de simplemente decirles la respuesta.

PERSONALIDADES: ¡DIOS NOS HIZO DIFERENTES!

El propósito de este libro no es ayudarte a identificar la personalidad de cada persona en un sentido técnico. Más bien es hacerte comprender que cada integrante de tu grupo es diferente. Nuevamente repito, por favor, no emplees demasiado tiempo tratando de «amarrar» a cada persona de tu grupo a un tipo de personalidad o estilo. Simplemente toma conciencia de las tendencias de cada personalidad que pueda existir en tu grupo.

A continuación encontrarás una serie de preguntas que puedes hacerte a medida que piensas en cada miembro de tu grupo:

1. ¿Tienden a ser más introvertidos o extrovertidos?
   ¿La interacción extensiva con las personas tiende a energizarlos (extrovertidos) o a agotarlos (introvertidos)?

2. ¿Experimentan la vida con sus sentidos o más intuitivamente?
   ¿Emiten juicios profundos sobre cómo es la vida y cómo funciona, o tienden a perseguir las experiencias donde puedan probar, tocar, sentir, oler y oír lo que está sucediendo a su alrededor?

3. ¿Inicialmente procesan la información y las decisiones con la cabeza o con el corazón?
   Algunas personas son más lógicas y cognitivas (cabeza) mientras que otras son más sentimentales y tienden a responder con más emociones (corazón).

4. ¿Abordan ellos la vida de una manera estructurada o sin estructura?
   Es decir, ¿son más dados a planificar cada día de las vacaciones familiares antes de salir de la casa o tienden más a alquilar un auto y decidir por el camino?

EJERCICIO PARA EL GRUPO:

¿Por qué no les entregas estas preguntas a los miembros de tu grupo? Pídeles que se identifiquen a sí mismos en cada uno de estas cuatro preguntas. Luego coméntenlas como grupo. Esto no solo será divertido sino que aprenderán mucho los unos de los otros y además respetarán la manera única en que Dios los creó a cada uno.

AYUDAR A LOS MIEMBROS A UTILIZAR SUS DONES ESPIRITUALES EN EL GRUPO

A continuación aparece un proceso para ayudar a las personas a utilizar sus dones espirituales en su grupo pequeño. Esto ayudará a que el grupo funcione más eficientemente y permitirá que cada miembro crezca y madure en la esfera en que tiene un don.

1. Lanza una visión para un ministerio en común. Juntos deben leer y estudiar Efesios 4:11-13 y 1 Corintios 14:26. Ayuda a tu grupo a entender el valor de servir juntos y de servirse unos a otros.

2. Ayuda a los miembros a identificar sus dones. Las herramientas para la evaluación de los dones espirituales, como el curso de capacitación Network de Zondervan, ayudarán a las personas a identificar sus dones. Revisa este material con tu grupo o pide a tu iglesia que realice un seminario Network.

3. Hablen acerca de los dones. Pide a los miembros del grupo que expliquen sus dones al grupo y cómo pudieran usarlos para animar a otros miembros del grupo.

4. Sirvan en las esferas donde tienen los dones. Permite que las personas sirvan dentro del grupo pequeño de acuerdo a sus dones y pasión.

5. Consideren las oportunidades de ministerio. Comenten las oportunidades de ministerio dentro del grupo que utilizarán los dones de las personas.

A continuación aparecen algunas actividades de grupo que pueden compartir los miembros de tu grupo, dependiendo de sus dones y deseos.

Guiar debates

Tiempo social

Tiempo de oración

Llamadas telefónicas

Llevar la lista del grupo

Mantener una lista de oportunidades de servicio en la iglesia

Organizar un grupo de alcance

Ser anfitrión del grupo

Convertirse en aprendiz

Dirigir la adoración

Escribir notas y tarjetas

Visitar a los miembros que tienen necesidades o que están enfermos

Prepararse para las reuniones del grupo

Mantener la agenda y los horarios

Mantener una lista de los cumpleaños de los miembros

Mantener una lista de los cumpleaños de los hijos de los miembros

Escoger el currículo

Ofrecer opiniones y evaluación

Esto solo es una lista parcial, pero debe ayudarte a ti y a tu grupo a dividir las responsabilidades de la vida en grupo.

El papel del Espíritu Santo en la dinámica del grupo

Ya hemos visto cómo el Espíritu Santo ha dotado a cada miembro del grupo de manera que este funcione como un cuerpo. Sin embargo, el Espíritu Santo también obra de otras formas. Guía a las personas y les enseña de la Palabra. También puede obrar mediante experiencias y como un estímulo. Como líder del grupo, sé sensible a la obra del Espíritu Santo mientras este se mueve entre los miembros del grupo. A continuación aparecen algunas sugerencias que te ayudarán a estar accesible y ser sensible a su dirección.

1. Ora para que el Espíritu Santo haga su obra de producir convicción y enseñar durante la reunión de tu grupo.

2. Como líder, sé sensible al consenso del grupo. Si el grupo percibe que debe haber un cambio de rumbo, pudiera ser la voz del Espíritu. No asumas automáticamente que tu agenda es la correcta.

3. Si sientes una profunda convicción del Espíritu de Dios para tratar un cierto asunto o problema, ten la libertad como líder de decírselo al grupo. No lo uses de manera tal que fuerces al grupo a estar de acuerdo contigo. Por el contrario, sencillamente explica que sientes que Dios quiere que expreses algunos sentimientos o asuntos. Luego permite que el grupo y la Palabra de Dios sean tu guía en cuanto a cómo deben seguir adelante.

4. Concede tiempo para que el Espíritu Santo obre. Algunas veces es mejor esperar si no hay algún consenso en cuanto a un asunto. Pide a los miembros que oren constantemente durante esas semanas y que busquen la voluntad de Dios. Permite que el Espíritu de Dios obre dentro de la gente a través del tiempo.

Recuerda, el Espíritu Santo quiere edificar y unir a un grupo. Eso no significa que todos los miembros estén de acuerdo con todos los asuntos. Sin embargo, sí significa que los miembros del grupo deben estar dispuestos a someterse unos a otros mientras buscan el consenso, entendiendo que es probable que este consenso sea el resultado del Espíritu de Dios obrando entre ellos para desarrollar la comunidad y la reciprocidad. De todas formas verifica o compara los impulsos del Espíritu a través de la clara enseñanza de la Biblia. Cuando la Palabra de Dios sea clara, obedece. Donde esta guarde silencio, busca la voluntad de Dios y el consenso del grupo a medida que cada persona somete su agenda a Cristo y está dispuesta a renunciar a algo por el bien del grupo.

Mientras ayunaban y participaban en el culto al Señor, el Espíritu Santo dijo: «Apártenme ahora a Bernabé y a Saulo para el trabajo al que los he llamado.» Así que después de ayunar, orar e imponerles las manos, los despidieron.
HECHOS 13:2-3

HABILIDADES

ROMPEHIELOS Y ESTRATEGIAS PARA INICIAR LAS ACTIVIDADES DEL GRUPO

Hacer una buena introducción es una habilidad básica y esencial para los grupos pequeños. Los rompehielos y las preguntas introductorias se han hecho para facilitar los comentarios acerca de la vida personal de los miembros y para ayudarles a franquearse con más libertad. No se han hecho solo para dar respuestas sencillas de sí o no.

Sé discreto con estas preguntas y planteamientos. Algunos provocarán respuestas muy serias y profundas. Otros serán superficiales y divertidos. Si tu grupo es nuevo, es probable que debas usar preguntas y rompehielos que se enfoquen en información sobre la vida personal (dónde crecieron, dónde asistieron a la escuela, cómo llegaron a tu iglesia, dónde trabajan, qué piensan acerca de algunos sucesos de nuestra cultura, etc.). A medida que en el grupo se desarrolle la intimidad, comienza a retar a la gente con preguntas más profundas que evoquen sentimientos, pensamientos y reflexiones.

¿Cuál es tu película favorita y por qué?

Si el dinero no fuera un problema y pudieras escoger un lugar en el mundo para pasar una semana, ¿dónde estaría ese lugar y por qué?

Escribe dos actividades favoritas que te gustaría hacer durante el verano. Colócalos en parejas y haz que conversen sobre esas actividades los unos con los otros y expliquen por qué son sus favoritas.

¿Quién es el consejero más importante en tu vida y por qué?

Una de las cosas que menos soporto es_____.

Las personas podrían sorprenderse de que yo_____.

Si te concedieran tres deseos, ¿qué pedirías?

Si perdieras de repente la visión, ¿qué sería aquello que más extrañarías no poder ver?

¿Qué es lo más osado que has hecho? ¿Por qué fue tan osado?

Mi forma favorita de perder el tiempo es_____.

Tienes un minuto para hablar a toda la nación a través de un canal de televisión nacional. ¿Qué cosa o cosas clave te gustaría decir?

¿Cuál es la historia detrás de ese tiempo durante el cual perdiste el sueño como nunca antes?

¿Qué circunstancias te rodeaban cuando diste tu primer beso?

¿Quién es la persona más famosa que has conocido o que te han presentado? ¿Cómo sucedió?

Cuando yo tenía citas, me consideraban _____ porque _____.

Si pudieras hacer un milagro (aparte de convertir a todo el mundo en cristiano), ¿qué harías? ¿Por qué?

¿Qué es lo que más extrañas de tu niñez?

¿Cuál es la mentira más grande que has dicho?

Si pudieras elegir, ¿cómo te gustaría morir? ¿De qué forma no quisieras morir?

¿Cuál es tu mayor temor con respecto a la muerte?

Si pudieras asistir a la universidad (otra vez), ¿qué estudiarías?

¿Cuál es la peor tormenta o desastre natural que has vivido? ¿Cómo fue?

Describe el día/suceso/período más aburrido que puedas recordar.

¿Qué día de tu vida te gustaría volver a vivir? ¿Por qué?

¿Cuál es el espacio más pequeño en el que has vivido? ¿Cómo era?

¿Por qué durante la secundaria a mí me consideraron (o pudieron haberme considerado) como «la persona más propensa» para ser _____?

Por el solo hecho de la diversión/emoción que implica, antes de morir me gustaría_____.

La carrera que escogería en segundo lugar sería_____.

Si pudiera viajar en el tiempo, me gustaría visitar _____ porque _____.

¿Cuál ha sido una de las aventuras más grandes en las que has participado?

Si yo pudiera inventar un aparato para facilitar mi vida, inventaría algo que _____ porque _____.

Me parece que el año que viene será mejor porque _____.

Me parece que el año que viene habrá problemas porque _____.

Me parezco a mi mamá en que _____.

Me parezco a mi papá en que _____.

Me habría gustado que antes de casarme alguien me hubiera dicho que _____.

Nunca he aprendido el truco para hacer _____.

Soy un manojo de nervios/soy muy torpe cuándo se trata de _____.

Es probable que nunca _____, pero sería muy divertido si pudiera hacerlo.

¿Qué dos cosas recuerdas acerca de tus abuelos?

¿Qué significa tu nombre? ¿Por qué te pusieron ese nombre?

¿Cuál es uno de los sueños más memorables que has tenido?

Si antes de morir tuvieras que dejarle al mundo un consejo, ¿qué le dirías?

Si fueras a describirte como un sabor, ¿cuál sería tu sabor?

¿Cuál fue el mejor regalo que recibiste cuando eras niño?

Si pudieras resucitar a una persona de entre los muertos, ¿a quién resucitarías y por qué?

¿Quién ha sido una de las personas más interesantes que tú o tu familia hayan hospedado alguna vez?

¿Qué es lo más bonito que alguien ha dicho acerca de ti?

¿Qué te gustaría que dijera tu obituario acerca de ti? ¿Por qué?

¿Cuál es tu ciudad favorita? ¿Por qué?

¿A dónde vas o qué haces cuando la vida se te vuelve demasiado pesada? ¿Por qué?

¿Qué valoras más: la vista o el habla? ¿Por qué?

Durante tu infancia, ¿quién era el matón del barrio? ¿Qué hacía que esa persona fuera tan atemorizante?

¿Cuál es tu recuerdo más agradable acerca de un picnic? ¿Por qué fue tan especial?

¿Cuál es la mejor noticia que has escuchado durante esta semana? ¿Cuál es la peor?

¿Cuál fue una de las cosas más terribles que tu hermano o hermana te hizo cuando eras niño?

Si tu casa se incendiara, ¿qué tres cosas (no personas) tratarías de salvar?

¿Cuál fue tu primer empleo? ¿Qué es lo que más recuerdas acerca de él?

¿Quién ha sido el mejor jefe que has tenido? ¿Qué lo hacía tan bueno o tan buena?

Durante tu infancia, ¿qué querías ser cuando crecieras? ¿Qué deseaban tus padres que fueras?

Si pudieras escoger una forma diferente de llevar a cabo tu boda (lanzarte de un paracaídas mientras repites tus votos nupciales, celebrar el servicio bajo el agua, etcétera) ¿cuál escogerías?

¿Quién fue tu héroe de la infancia? ¿En qué forma trataste de imitarlo o imitarla?

Si pudieras tener un espacio en la televisión nacional y alertar a tus compatriotas para que evitaran tres cosas, ¿cuáles serían?

¿Cómo fue tu peor jefe?

Sospecho que detrás de mis espaldas la gente dice que soy _____ porque
_____.

Relata brevemente al grupo cómo fue el día de tu matrimonio. (Si les avisas con tiempo, cada pareja puede traer sus fotos para mostrarlas al grupo.)

Cuéntale al grupo lo que ha estado sucediendo últimamente en tu vida. Utiliza las siguientes categorías: algo viejo, algo nuevo, algo feliz, algo triste.

¿Por qué pecas? (¡No se permiten respuestas simplistas!)

¿En qué aspecto de tu vida te gustaría tener más paz? ¿Por qué?

Si algún día pudieras alcanzar reputación por algo en el ámbito mundial, ¿en qué aspecto te gustaría que fuera? ¿Por qué?

¿Cuál es uno de tus mayores temores acerca del futuro?

Si usaras un vegetal o una fruta como metáfora, ¿cómo describirías tu vida esta semana (un higo seco, un melón maduro, una banana aplastada)?

¿Qué es lo que más te gusta acerca de los niños? ¿Por qué?

De las cosas que puede comprar el dinero, ¿qué es lo que más te gustaría tener?

Si tuvieras que ir a prisión durante un año, ¿cuál crees que sería la peor parte de la experiencia? ¿Por qué?

Describe un profesor de tus años de escuela que te haya impresionado mucho (por algo bueno o por algo malo).

Imagina que se te concediera una hora con el presidente de los Estados Unidos, ¿qué le preguntarías? ¿Qué te gustaría decir?

En el trabajo te han dado un año sabático. En un día puedes ir más allá de 200 kilómetros, ¿qué harías?

Divide tu vida en tres segmentos iguales. ¿Cuál fue el acontecimiento más significativo de cada uno de estos segmentos de tiempo?

Haz que cada miembro del grupo responda esta pregunta sobre los otros miembros: «Estoy tan feliz de que Dios te hiciera _____ porque ese aspecto de tu personalidad es _____».

Algo que guardo de mi infancia y que es probable que nunca me deshaga de esto es _____ porque_____.

El objeto más inútil de mi/nuestra casa es _____ pero todavía está allí porque _____.

El objeto que guardo en mi billetera/monedero y que dice más acerca de quién yo pienso que soy realmente es _____ porque _____.

Cuando eras niño, ¿cuál era tu hora favorita del día? ¿Tu día favorito? ¿La época del año favorita? ¿Por qué?

En general, las personas se preocupan mucho acerca de _____.

Quiero que me tomen más en serio en el siguiente aspecto: _____.

Una emoción que experimento con frecuencia pero que casi nunca expreso es _____.

FACILITAR EL DEBATE DINÁMICO

Cuatro acciones que debe realizar el facilitador

Un líder ACTÚA para facilitar los debates al

- Considerar la opinión de todos los que tomen parte en un debate
  Aunque muchas personas hablen a la vez, asegúrate de considerar la opinión de todos. Además, sé sensible a la risa, a los gemidos y a los suspiros; recuerda, el 90 por ciento de la comunicación no es verbal.
- Dejar claro lo que se dijo y se experimentó
  Puedes decir: «Déjame ver si entendí lo que estás diciendo».
- Pide las opiniones del grupo como una forma de generar el debate
  No seas la persona que siempre tiene las respuestas. Pregunta: «¿Qué creen ustedes acerca de lo que se acaba de decir?»
- Resumir lo que se ha dicho
  Di cosas como: «Hasta ahora hemos estado hablando acerca de...» o «Nancy, ¿podrías intentar resumir los componentes clave del debate hasta este momento?»

Preguntas

Otra clave para facilitar un debate dinámico es generar el tipo correcto de preguntas y ofrecer las respuestas apropiadas. A continuación presentamos algunos lineamientos sobre el tipo de preguntas y respuestas que ayudarán a tu grupo a involucrarse en debates retadores y significativos.

Preguntas introductorias
Usa una pregunta introductoria para ayudar a los miembros del grupo a motivarse unos a otros, a conocerse mejor y a dejarlos escuchar sus propias voces. Las preguntas introductorias son especulativas y reflexivas, pero son útiles para preparar las mentes y los corazones de los miembros del grupo para los temas que se van a comentar.

Tal vez desees abordar el tema del debate con una historia o ilustración corta y creativa que responderá a la pregunta: «¿Por qué quiero debatir este tema esta noche?» (en las páginas anteriores puedes encontrar ejemplos).

Ejemplos:

«¿Qué deseas en la vida a medida que envejeces?»

«¿Qué es lo que a menudo nos hace temer a la intimidad de los unos con los otros? ¿Qué podemos hacer como grupo para disminuir esa ansiedad?»

Preguntas de trampolín

Ya que el líder conoce el tema del debate, debe preparar preguntas de trampolín diseñadas para generar la interacción del grupo y la retroalimentación. Estas preguntas se diseñan casi siempre para responder la pregunta: «¿Qué sé, qué siento, qué debo hacer?»

Ejemplos:

«¿Qué aprendemos al ver los obstáculos que José enfrentó y cómo los superó?»

«Después de escuchar el debate de esta noche, todos estamos de acuerdo en que, de alguna manera, estamos "atascados". ¿Qué pasos podemos tomar para desarrollar mayores niveles de confianza entre nosotros?»

«¿Qué piensas que estaría pasando por la mente de Pedro en ese momento?»

Algunas preguntas no favorecen necesariamente el debate, pero requieren respuestas y retroalimentación. Existen dos tipos de preguntas de trampolín: las guías y las limitantes.

Las preguntas *guías* a menudo producen una respuesta corta.

Ejemplos:

«¿Te sentirías tentado en una situación como esta?»

«¿Estás o no de acuerdo con esta afirmación?»

Las preguntas limitantes indican que tienes una respuesta específica en mente. No promueven mucho el descubrimiento. Sin embargo, pueden ayudar a aclarar los hechos.

Ejemplos:

«¿Cuáles son los tres mandamientos que encontramos en este pasaje?»

«¿Qué dos cosas dice Pablo que debemos hacer?»

Preguntas guías

Hasta el líder más preparado en algunas ocasiones necesitará guiar el debate espontáneamente.

Ejemplos:

Reformula la pregunta: «Creo que estás preguntando: "¿Cómo podemos desarrollar la confianza dentro del grupo?"»

Personaliza la pregunta: «¿Cómo le responderías a Jesús si él te hiciera esa pregunta?»

Comprueba el consenso o la decisión: «¿Estamos diciendo que todo el mundo tiene que obedecer este mandamiento?»

Resumir las preguntas

Resumir lo que se ha hablado luego de una serie de preguntas le permite al líder reconocer los aportes de los miembros y a la vez mantiene la integridad bíblica y la dirección correcta.

Ejemplos:

Un comentario que afirma puede hacerse por medio de un contacto visual acompañado de una sonrisa mientras dices: «Gracias por decir eso» o «Ese es un buen punto» o «Muy bien, esa es una respuesta que vale la pena considerar; ¿alguien tiene otra opinión?»

Una respuesta para resumir puede ser: «Entonces lo que vemos en este pasaje es...»

Preguntas de aplicación

El objetivo de los estudios en un grupo pequeño no es solo informar sino transformar. El líder puede ayudar a los miembros a aplicar lo que han aprendido formulando preguntas de aplicación.

Ejemplos:

«¿Qué cambios harás esta semana como resultado del debate de esta noche?»

«¿Qué diferencias marca esto para ti y para mí?»

Respuestas

La forma en que tú y los otros miembros del grupo respondan las preguntas o las afirmaciones ayudará a promover o acabar con el debate. A continuación presentamos algunas pistas para responder apropiadamente las preguntas o comentarios que hagan los miembros del grupo.

Respuestas que afirman

Estas respuestas reconocen los valores de cada persona. Promueven intimidad y franqueza. Dichas respuestas envían una poderosa señal a los miembros del grupo, diciéndoles que los escucharon, los comprendieron y respetaron.

Ejemplos:

«Comprendo que hablar sobre eso es muy doloroso para ti. Me siento muy triste por la forma en que te trató tu jefe esta semana».

«Carlos, me doy cuenta de que quieres hablar, pero es importante que escuchemos lo que Esteban acaba de decir y que tratemos de estar a su lado durante este difícil momento de decisión para él».

Respuestas participativas

Estas respuestas invitan a otros a unirse al debate. No solo afirman la intervención de un miembro, sino que también invitan al resto a involucrarse en el proceso. Las respuestas participativas no aíslan a los miembros del grupo ni los colocan en situaciones embarazosas o vergonzosas ni los sermonean.

Ejemplos:

«¿Cómo han lidiado otros miembros del grupo con los sentimientos de pérdidas como las que tú has experimentado?»

«Samuel, esa fue una magnífica conclusión. ¿Podrías decirnos cómo llegaste a ella?»

«Carlos ha hablado esta noche acerca de sentimientos muy profundos. ¿Cómo habrían respondido ustedes a una confrontación similar en el trabajo?»

Respuestas parafraseadas o «que van más profundo»

Parafrasear te permite repetir los pensamientos de otros y les permite a ellos profundizar en el tema. Resume lo que se ha dicho y hace posible que el grupo explore sus pensamientos, sentimientos y acciones personales.

Ejemplos:

«Julia, si te escuché bien, creo que has conversado sobre un tema similar al que se refirió Karen la semana pasada. ¿Piensas como Karen con respecto a este asunto?»

«Ese fue un episodio muy doloroso de tu infancia, ¿no es así, Rubén? ¿Cómo lo manejaste? ¿Cómo lo enfrentas en la actualidad?»

«Sara, es emocionante formar parte de una victoria como la que has contado. ¿Qué impacto tiene esto en tu relación con Tomás, tu esposo?»

Estos tipos de respuestas (afirmativas, participativas y parafraseadas) te permitirán valorar a tus miembros y, a la vez, animarlos a expresar sus sentimientos, pensamientos y preocupaciones personales.

La dinámica de escuchar con eficiencia

Escuchar activamente no solo incluye lo que escuchas, sino también lo que dices. Esto implica involucrarse activamente con la persona que está hablando, dejar a un lado tu agenda personal y evitar todo tipo de pensamiento que te pueda distraer (¡especialmente estar pensando en lo que vas a decir después!) A continuación presentamos algunas pistas para escuchar activamente.

Lo que dices

1. Promueve los comentarios del grupo
2. Muestra empatía con las emociones de las personas
3. Explora sus afirmaciones, en busca de más información
4. Aclara lo que se ha dicho

Lo que escuchas

1. *Verbal:* el contenido de lo que se ha dicho. A veces estamos tan interesados en lo que vamos a decir que no escuchamos los hechos más simples de un debate. Mientras escuchas, concéntrate en los nombres de las personas, los sucesos, las fechas y otras informaciones específicas de lo que se está diciendo.

2. *No verbal:* cómo se expresa el contenido. Aquí estás escuchando la congruencia, es decir, ¿los mensajes no verbales concuerdan con el mensaje verbal? Escucha esto en tres aspectos:

- Expresiones faciales. Cuando alguien dice: «Estoy bien», ¿su comunicación facial realmente expresa: «Estoy un poco triste»?

- Tono de la voz. Escucha los tonos de sarcasmo, enojo, tristeza, entusiasmo, vacilación, temor, etcétera.

- Movimientos corporales y la postura. ¿Tienen los brazos y las piernas cruzados y cerrados? ¿Están inquietas o relajadas? ¿Su postura indica interés o aburrimiento? Recuerda, con solo mirar las acciones de las personas puedes «escuchar» muchas cosas.

A continuación presentamos algunas diferencias entre escuchar activamente y escuchar pasivamente. Como líder, ¿cómo te calificarías?

Habilidades para escuchar
Escuchar pasivamente vs. escuchar activamente

	Escuchar pasivamente	Escuchar activamente
Actitud	De rechazo, crítica *«Realmente no estoy interesado».*	Receptiva, muestra aceptación *«De veras quiero escuchar».*
Enfoque	Yo: lo que quiero decir *«¿Qué pienso yo?»*	La otra persona: piensas en lo que otros están diciendo *«¿Qué quiso decir él?»*
Respuesta	Esto es lo que he estado pensando *«Creo que debes…»*	Aclarar primero lo que has escuchado que dijo la otra persona *«Crees…» «¿Sientes…?»*
Mensaje	Lo que dijiste no es importante *«En realidad no escuché lo que dijiste».*	Escuchas tanto los sentimientos como la necesidad en el mensaje *«Escuché lo que dijiste».*
Resultados	El hablante siente frustración, enojo *El que escucha comunica «No me importa».*	El hablante está deseoso de hacer concesiones o de seguir hablando *El que escucha dice: «Me interesa lo que dices».*

Este es un material muy bueno para repasarlo con tu grupo, en especial si están empezando.

LA ORACIÓN EN GRUPO

¿Qué puedo hacer para facilitar la oración significativa en mi grupo?

Modélala

1. Sé tú mismo una persona de oración: ora por tus miembros y por la persona que llenará la silla vacía y pide a Dios que te dirija para liderar al grupo.

2. Cuando ores en alta voz en el grupo, que tus oraciones sean honestas, auténticas y que salgan de tu corazón.

3. Una guía básica para la oración en grupo:

   · Oraciones cortas crean seguridad
   · Oraciones sencillas son directas y honestas
   · Oraciones en el Espíritu dependen del poder de Dios
   · Oraciones en silencio son adecuadas, en especial cuando se trata de nuevos miembros

Hazlas seguras

1. No le pidas a alguien que ore a menos que antes le hayas pedido permiso a esa persona (o que la conozcas bien).

2. No esperes que todos oren siempre.

3. Evita orar en círculo. Permite que los miembros oren uno a la vez a medida que sientan el deseo de hacerlo.

4. Respeta el grado de intimidad. A medida que se profundizan las relaciones dentro del grupo, la sensación de seguridad conducirá a orar más genuinamente.

5. Deja claro quién terminará el tiempo de oración.

Guía la oración

1. Ofrece pautas generales, pero deja que el Espíritu Santo sea quien guíe.

2. Evita los debates extensos acerca de la oración.

3. Incluye la oración en todos los encuentros.

4. Usa diversos métodos de oración.

¿Qué pasa cuando los miembros del grupo se comprometen a orar los unos por los otros?

- Se profundiza tu relación con Cristo y con los demás. Experimentarás el crecimiento espiritual.

- Hay menos posibilidades de que te agotes cuando pones los problemas en manos de Dios y confías en que él cuidará de los miembros.

- Permites que el Espíritu Santo obre en tu grupo, de modo que el tiempo que pasen juntos será pleno y refrescante.

- Dios responderá tus oraciones en formas asombrosas y tu fe se incrementará.

Ideas creativas para la oración en grupo

1. Oren juntos un salmo en voz alta.

2. En un grupo de parejas, haz que los cónyuges oren el uno por el otro.

3. Varía el tiempo dedicado a la oración: al principio, en el medio o al final de la reunión.

4. Escoge una porción de las Escrituras para orar los unos por los otros durante la semana (por ejemplo: Colosenses 1:9 y Efesios 3:14-19).

5. Oren por los motivos de oración de la iglesia que aparecen en los boletines o programas que se entregan cada semana.

6. Si alguien está atravesando una crisis, hagan un alto y oren por él o ellos de inmediato.

7. Oren por la iglesia, un país, una familia en necesidad, programas específicos para personas en la búsqueda espiritual, o por cualquier asunto que apasione a tu grupo.

8. Hagan un estudio sobre la oración. Recomendamos mucho: *Praying from God's Heart* de Lee Braise, o *Prayer* de Richard Foster, o *No tengo tiempo para orar*, de Bill Hybels.

9. ¿Hay alguien en tu grupo que tenga el don de fe o de exhortación? Pide a esa persona que sea el coordinador de oración, quien tome nota de las peticiones en cada encuentro y siga de cerca las respuestas. Si un miembro del grupo tiene una emergencia, puede llamar al coordinador de oración, quien avisará al resto de los miembros para que oren por él.

10. La alabanza puede formar parte de la intercesión. ¿Hay algún miembro que está enfrentando alguna lucha? Alaben a Dios en las luchas (ver Salmo 13).

11. Pide que cada miembro anote las peticiones para la semana en un pedazo de papel. Dobla los pedazos de papeles y colócalos en un sombrero. Pasa el sombrero, cada miembro acordará orar por la persona que le tocó y lo llamará para animarlo durante la semana.

12. Para limitar el tiempo que tu grupo pasa hablando de los motivos de oración, entrega a cada miembro una tarjeta de 3x5 en la que escribirá las peticiones de oración para la semana y haz que intercambie la tarjeta con otro miembro del grupo.

13. Necesitamos hacer nuestras peticiones desde la perspectiva y voluntad de Dios (Juan 16:23-24). La próxima vez que te pidan que ores por una actividad, por la salvación o la salud de alguien, detente y pregúntale a tu Padre celestial: «¿Cuáles son tus deseos y cómo puedo orar para hacer que tus deseos se cumplan?»

Qué debo pedir por otros: Colosenses 1:9-14

La oración de intercesión puede definirse como pedirle a Dios que actúe a favor de alguien más. A veces no sabemos cómo orar por nuestros amigos y familiares (o incluso por aquellos que nos han herido) y, no obstante, sabemos que debemos hacerlo. En Colosenses 1:9-14, Pablo nos dio un modelo de oración que debemos seguir cuando oramos por otros. Lee este pasaje y trata de usarlo como modelo la próxima vez que ores. Observa cómo Dios responderá.

Ora para que
1. entiendan la voluntad de Dios
2. ganen sabiduría espiritual
3. vivan una vida que agrade y honre a Dios
4. hagan cosas amables por otros
5. conozcan a Dios cada vez mejor
6. sean llenos de la fortaleza de Dios
7. soporten con paciencia
8. permanezcan llenos del gozo de Cristo
9. sean siempre agradecidos
10. recuerden el perdón de Dios por sus pecados

Ejemplos bíblicos y estilos de oración

El Padre Nuestro, que es nuestro modelo básico (porque incluye muchos tipos de peticiones) y algunas otras oraciones de las Escrituras proporcionan un caudal de métodos o estilos para que tu grupo pase a niveles más profundos de oración.

Tipos de oración

Introducción	«Escucha nuestra oración...» (Neh 1:11; Sal 5:1-3)
Adoración	«Santificado sea tu nombre...» (Dt 10:21; 1 Cr 29:10-13; Sal 34:8-9)
Afirmación	«Hágase tu voluntad...» (Sal 27:1; Is 26:3; Ro 8:38-39)
Necesidades del grupo	«Danos hoy...» (Sal 7:1; Neh 1:11; Mt 7:7-8)
Confesión	«Perdona nuestras deudas...» (Sal 51; Mt 18:21-22; 1 Juan 1:9)

«Por eso, desde el día en que lo supimos no hemos dejado de orar por ustedes. Pedimos que Dios les haga conocer plenamente su voluntad con toda sabiduría y comprensión espiritual, para que vivan de manera digna del Señor, agradándole en todo. Esto implica dar fruto en toda buena obra, crecer en el conocimiento de Dios y ser fortalecidos en todo sentido con su glorioso poder. Así perseverarán con paciencia en toda situación, dando gracias con alegría al Padre. Él los ha facultado para participar de la herencia de los santos en el reino de la luz. Él nos libró del dominio de la oscuridad y nos trasladó al reino de su amado Hijo, en quien tenemos redención, el perdón de pecados».

COLOSENSES 1:9-14

Renovación (protección)	«No nos dejes caer en la tentación…» (Sal 137:7; Juan 15:7-11)
Acción de gracias	«Den gracias al Señor…» (1 Cr 16:34; Sal 75:1; Ap 11:17)
Bendición	«El Señor te bendiga y te guarde…» (Nm 6:22-27; Sal 1:1)
Comisión	«Por tanto vayan y hagan discípulos…» (Mt 28:18-20; Hechos 1:8)
Sanidad	«La oración de fe sanará al enfermo…» (Stg 5:13-16; Sal 6:2; 41:4)
Guerra	«Aléjate de mí, Satanás…» (Mt 4:10; 16:23)
Bendición final/Clausura	«Que la gracia del Señor…» (2 Co 13:14; Ef 3:20-21)

MANEJO DE LOS CONFLICTOS

A medida que se profundizan las relaciones en el grupo, los conflictos son inevitables. Un grupo que no experimente conflictos entre los miembros probablemente es un grupo muy nuevo o un grupo que no ha insistido en las relaciones auténticas. Examinemos algunos principios bíblicos para lidiar con el conflicto y luego algunas estrategias efectivas que los líderes de grupos pequeños pueden usar para manejar el conflicto.

La Biblia establece una diferencia entre las disputas y los conflictos constructivos. Las disputas son negativas porque se refieren a argumentos o desacuerdos vanos con el propósito de promover el valor propio o causar división. Santiago 4:1-3 nos pregunta: «¿De dónde surgen las guerras y los conflictos entre ustedes? ¿No es precisamente de las pasiones que luchan dentro de ustedes mismos? Desean algo y no lo consiguen. Matan y sienten envidia, y no pueden obtener lo que quieren. Riñen y se hacen la guerra. No tienen, porque no piden». Esta clase de conflictos no agradan a Dios. En 2 Timoteo 2:24, Pablo le dijo lo mismo a Timoteo: «un siervo del Señor no debe andar peleando».

Sin embargo, en las Escrituras hay muchas advertencias para que los líderes usen la crítica constructiva y la exhortación con el objetivo de producir un crecimiento espiritual. 2 Timoteo 3:16 se refiere a esto como «reprender» y en otros lugares dice «amonestar» o «exhortar».

Principios bíblicos para el manejo del conflicto

La diferencia entre los pleitos y el conflicto constructivo

Los altercados (Santiago 4:2)	*El conflicto constructivo (Mt 5:23-26)*
busca ganar/perder	da por resultado ganar/ganar
tiende a dividir/escoge partido	busca reconciliación/escoge dar pasos

exagera las riñas	habla la verdad en amor
es un fin en sí misma	es un medio para alcanzar un fin
destroza	despeja la senda para llegar a algo mejor
a menudo tiene una agenda escondida	solo trata lo que se expone
proviene de una persona que está promoviendo algo	surge de la necesidad en una comunidad
es una batalla	es trabajo
por lo general es difícil	por lo general es difícil

 PASAJES CLAVE PARA MANEJAR EL CONFLICTO

· *Habla la verdad en amor (Ef 4:15, 25)*

· *Refleja en lugar de tratar de cambiar los sentimientos de las personas (Ro 12:15; 1 Co 12:26)*

· *Busca edificar y demostrar gracia (Ef 4:29-32)*

· *Expresa emociones reales, pero no peques (Ef 4:26-27)*

· *Trata las disputas privadas en privado (Mt 18:15-17)*

· *No guardes una lista de ofensas (1 Co 13:5)*

· *Piensa antes de hablar (Pr 15:23, 28)*

· *No devuelvas insulto por insulto (1 Pedro 3:8-9)*

· *Revisa tus motivos para el conflicto (Stg 4:1-2; Pr 13:10)*

· *Busca la paz y la edificación en las relaciones (Ro 14:19)*

· *Evita las discusiones innecesarias (Pr 20:3; 2 Ti 2:24)*

· *Recuerda los intereses de los miembros del grupo tanto como los tuyos (Fil 2:4)*

Estrategias para manejar el conflicto

Existen diversos enfoques sobre el manejo de los conflictos y cada uno tiene sus propios beneficios. Sin embargo, es probable que en grupos pequeños las estrategias de compromiso y colaboración sean las más efectivas.

Evitar

Evitar es una estrategia eficaz que debe usarse en el conflicto cuando:

- el asunto es trivial

- la situación se encargará de resolverse por sí misma

- guardar la reputación (la tuya o la de alguien más) es importante

- el tiempo es limitado

Evitar no es una estrategia eficaz y no se debe usar cuando:
- el problema es importante

- el problema no se resolverá por sí mismo (y puede empeorar si se obvia)

- se perderá la credibilidad al obviarlo

- hay un asunto grande y subyacente que necesita resolverse

La competencia

La competencia es una estrategia eficaz que debe usarse cuando:
- una interacción competitiva tendrá como resultado una mejor solución

- quieres que una persona/posición prevalezca sobre otra pero no puedes declarar tus simpatías públicamente

- el problema es más importante que la relación

- fomentar la competencia aclarará el asunto y sacará a la luz los puntos débiles

La competencia no es una estrategia eficaz que debe usarse cuando:
- las relaciones a largo plazo son importantes

- el conflicto tiende a volverse personal en vez de permanecer enfocado en el asunto

- es importante evitar una situación de ganadores y perdedores o una derrota pública

Llegar a un acuerdo

Llegar a un acuerdo es una estrategia eficaz que debe usarse con el conflicto cuando:
- la relación es más importante que la tarea

- el asunto es trivial

- las pequeñas concesiones traerán ganancias futuras (es decir, escoge tus batallas)

Llegar a un acuerdo no es una estrategia eficaz y no se debe usar cuando:
- tus acciones pudieran interpretarse como condescendientes

- el hacerlo pudiera sentar un precedente poco sabio

«La vida sin confrontación es pasiva, sin dirección ni propósito. Cuando los seres humanos no enfrentan retos, tienden a ir a la deriva, a desvariarse o a estancarse. La confrontación es un don».
DAVID AUGSBURGER

La concesión

La concesión (de ambas partes) es una estrategia eficiente que debe usarse cuando:

- no hay una solución simple

- ambas partes tienen fuertes intereses en facetas muy diferentes del problema

- no hay tiempo suficiente para una solución verdaderamente colaboradora

- la situación no es crítica y una solución adecuada es suficiente

La concesión (de ambas partes) no es una estrategia eficiente y no se debe usar cuando:

- se sentaría un precedente peligroso si no se sostuviera una opinión

- es posible una solución mejor

- es importante evitar concesiones de cualquier tipo

La colaboración

La colaboración es una estrategia eficiente que debe usarse cuando:

- tanto la tarea como las relaciones son importantes

- el tiempo, la información y la disposición de colaborar están presentes

- el resultado es muy importante

- existe suficiente confianza entre las partes

La colaboración no es una estrategia eficiente y no se debe usar cuando:

- no se dispone de tiempo, confianza y recursos

- el asunto no merece semejante inversión de tiempo, energía y recursos

La confrontación amable: la creatividad en el conflicto

En su libro Caring Enough to Confront, David Ausburger describe un enfoque del manejo del conflicto llamado «la confrontación amable». A continuación presentamos una sinopsis de dicha estrategia.

Forma de pensar incorrecta con respecto a la amabilidad: «Amabilidad» es una buena palabra cuando no existe la confrontación

Hay un momento para la amabilidad y la persona debe ser amable cuando es necesario. Pero la amabilidad no puede contradecirse con una mezcla de confrontación. Para ser verdaderamente amable, hay que olvidarse de la franqueza y de la confrontación, al menos por el momento. Si alguien estima de verdad a otra persona, ellos no pueden tener confrontaciones, porque herir a esa persona es lo último que se quiere hacer.

Forma de pensar incorrecta con respecto a la amabilidad: «Confrontación» es una palabra fea cuando se compara con amabilidad

Hay un momento para el conflicto y una persona debe confrontar a la otra cuando es necesaria la confrontación. Pero la confrontación no puede contaminarse con ninguna clase de amabilidad. En una buena confrontación no debe haber amabilidad. Cuando las personas están enojadas, deben confrontar. Hablar de amabilidad en un momento como ese sonaría falso.

Forma de pensar correcta con respecto a la amabilidad y el conflicto: «La confrontación amable»

Ambas palabras juntas, amabilidad y confrontación, proveen el balance de amor y poder que conduce a las relaciones humanas eficientes. Por desgracia, la práctica más común es mantenerlas diferenciadas y separadas.

La confrontación amable ofrece amabilidad genuina que permite al otro crecer. Ser amable es acoger, invitar y apoyar el crecimiento de otra persona. Proporciona una confrontación real que facilita la aparición de una nueva perspectiva y comprensión. Confrontar con eficiencia es ofrecer el máximo de información útil con el mínimo de amenaza.

La confrontación amable une el amor y el poder y unifica el interés por la relación con el interés por los objetivos. De esta forma uno puede tener algo que defender (los objetivos) y también alguien con quien trabajar (la relación) sin sacrificar lo uno por lo otro ni colapsar lo uno sobre lo otro. Así que alguien puede amar poderosamente y ser poderosamente amoroso. Ambas cosas no se contradicen entre sí sino que se complementan.

Expresar el enojo en grupos

Existen dos formas de expresar el enojo en grupos. Los mensajes «yo» son claros y tienen un sentido de confesión. La persona que usa mensajes «yo» reconoce su enojo, responsabilidad o exigencias sin inculpar a nadie. Los mensajes «tú» a menudo son ataques, críticas, rechazos, devaluación de la otra persona, o formas de acomodar la culpa.

Cuando estés enojado, intenta dar mensajes «yo» que sean claros y sencillos.

A continuación ofrecemos algunos ejemplos de mensajes «yo» y mensajes «tú».

Mensajes «yo»	*Mensajes «tú»*
Estoy enojado.	Me haces enojar.
Me siento rechazado.	Me estás juzgando y rechazando.
No me gusta la pared entre nosotros.	Estás levantando una pared entre nosotros.
No me gusta culpar ni que me culpen.	Me estás echando la culpa de todo.
Quiero tener la libertad para poder decir sí o no.	Estás tratando de dirigir mi vida.
Quiero volver a tener contigo una amistad respetuosa.	Tienes que respetarme o no eres mi amigo.

«... si tuvieras un tumor y tu médico, después de examinarlo, determina que es maligno, ¿te gustaría que no te dijera esa cruda verdad?... Si queremos que aquellos que velan por nuestra condición física nos digan la verdad, cuánto más debemos querer que aquellos que velan por nuestras almas nos hablen la verdad».

CHARLES SWINDOLL
BAJE LA GUARDIA

EDIFICAR LAS RELACIONES

Ejercicios para edificar las relaciones

El propósito de estos ejercicios es edificar las relaciones en tu grupo al fomentar diversión, comunicación, honestidad, transparencia, autenticidad y experiencias en común. A medida que crecen las relaciones, mejora la comunidad.

Con todos estos ejercicios, por favor recuerda:
· Conoce tu objetivo.

· Ten en cuenta el tamaño del grupo y si es necesario, divídelo en subgrupos.

· Asegúrate de dedicar suficiente tiempo para cada persona y no cortes la actividad.

· El líder debe participar como todos los demás.

· Deja que el Espíritu se mueva y no te atravieses en su camino. Desarrolla el discernimiento para que sepas cuándo debes intervenir o redirigir la conversación o cuándo debes simplemente estar callado. Acepta la incomodidad que pueda implicar la expresión de las emociones.

La celebración «Él es capaz»

Pide a los miembros de tu grupo que para la próxima reunión traigan un ejemplo tangible que demuestre cómo Dios recientemente se ha mostrado capaz en sus vidas. Pídeles que se preparen para explicar cómo Dios fue capaz y cómo ese ejemplo representa la habilidad de Dios para actuar y bendecir.

· Debe ser un ejemplo físico que puedan demostrar y debatir

· Deben hablar de su propia experiencia (no de la de otra persona)

· Pídeles que relaten una experiencia reciente que hayan tenido

Deja que cada persona relate su historia durante la reunión. Tal vez desees terminar este tiempo cantando juntos «Dios es capaz».

Variación: La celebración «Dios contesta la oración»

«Recuerda cuando»

En las Escrituras a menudo vemos al pueblo de Dios contando experiencias de su pasado o recordando los hechos de Dios. Esto puede hacerse de muchas maneras.

· Recuerda cuando escuchaste acerca de Cristo por primera vez

· Cuenta tus testimonios

· Recuerda épocas cuando Dios contestó tus oraciones

· Recuerda cuándo Dios te sacó de una situación difícil

· Si tu grupo ha estado junto durante algún tiempo, recuerda cosas que hayan experimentado juntos y lo que significaron para ustedes

- Cuenta cómo llegaste por primera vez a la iglesia y explica lo que la iglesia ha significado para ti

Esta experiencia proporciona un sentido de «historia» con tu grupo si han estado juntos durante algún tiempo. Recordar el carácter de Dios o tus experiencias puede ser el preludio para un tiempo de adoración.

Dos verdades/una mentira

Dale a cada miembro del grupo una hoja de papel y un bolígrafo o marcador. Haz que cada uno escriba dos verdades acerca de sí mismo y una mentira. Pueden escribirlas en cualquier orden. (Pídeles que escriban lo suficientemente grande como para que el papel pueda mostrarse y todos en la habitación lo puedan ver.) Luego haz que alguien lea las tres cosas que escribió. Todo el mundo debe adivinar cuál es la mentira. Después la persona lee cada cosa y explica por qué es una verdad o una mentira. Permite que todos lo hagan.

Preguntas en un sombrero

Antes de la reunión, llena un sombrero (o un recipiente) con preguntas introductorias escritas en pedazos de papel (cada una en un pedazo de papel). Prepara como mínimo tantas preguntas como personas haya en el grupo. Varía la profundidad de las preguntas de acuerdo a las características de tu grupo. Añade las siguientes cosas «especiales» en otros pedazos de papel y ponlas en el sombrero:

    «Pasa a la derecha»
    «Pasa a la izquierda»
    «Boomerang» (regresa a ti)

Al comienzo, aclara que todos tienen el derecho de «pasar» cualquier pregunta (para hacer que las personas se sientan cómodas y no piensen que harán el ridículo). Alguien (por ejemplo, María) escoge una pregunta del sombrero. María puede pedir a cualquiera en la habitación (pero solo a una persona) que responda la pregunta. Se dirige a Juan. Después que Juan responde la pregunta, escoge otra pregunta y se la hace a cualquiera de las personas en la habitación, con excepción de María, y así sucesivamente.

Si escoges el pedazo de papel que dice «Pasa a la derecha» o «Pasa a la izquierda», guárdalo y úsalo cuando te hagan una pregunta. Si usas el que dice «Pasa a la derecha», entonces la persona que está a tu derecha debe responder la pregunta. Si escoges el «Boomerang», entonces la persona que te hizo la pregunta debe responderla. (Por supuesto, si la persona lo desea puede pasarla).

«¿Quién soy yo?»

Durante la semana previa a la reunión, selecciona un hecho que los demás no conozcan acerca de cada persona del grupo. Debe ser algo que a los miembros del grupo no les preocupe que se sepa. El líder copia cada uno de estos hechos (y también incluye uno de él o ella). Se deben sacar suficientes copias como para que todos tengan una.

En la reunión se entregan las listas. El objetivo es encontrar qué hecho va bien con cada persona. Puedes acercarte a alguien y preguntarle solo dos hechos de la lista. («¿Eres tú el que...?» Si no lo eres, entonces «¿Eres el que...?») Después de hacer dos preguntas, debes dirigirte a otra persona.

Luego de un tiempo límite (o enseguida que alguien tenga todas las respuestas correctas), termina el juego y lees la lista, identificando a todas las personas.

Dibuja una línea cronológica de tu vida

Entrega a todos una hoja grande de papel y bolígrafos o marcadores. Pide a cada miembro del grupo que dibuje una línea cronológica de su vida y destaque tres o cuatro de los acontecimientos más importantes. El número de acontecimientos puede variar, dependiendo de cuánto tiempo tengas. Luego permite que cada uno explique lo que dibujó.

Dibuja un autorretrato

Entrega a cada persona una hoja grande de papel y marcadores o crayones. Pide a cada persona que dibuje un autorretrato. Reúne todos los autorretratos, obsérvalos uno por uno y adivina a quién pertenecen. Cuando adivines de quién se trata, pide a esa persona que cuente un poco acerca de sí misma.

Presentaciones

Cuando las presentaciones sean necesarias, en vez de hacer que cada miembro se presente a sí mismo, pide a alguien más del grupo que lo presente. Si es un grupo de parejas, haz que los esposos se presenten mutuamente. Esto puede ser una oportunidad para confirmar las calidades de los participantes.

Videos

Los videos pueden usarse para los tiempos de adoración, alabanza o canto. O puedes usar una cámara de video casero para filmar «Un día de la vida» de algún miembro del grupo.

Subgrupos

Si tu grupo es lo suficientemente grande, divídelo en grupos más pequeños, incluso hasta en parejas, para realizar diversas actividades. Esto es muy útil en los tiempos de oración, cuando se conversa sobre asuntos personales, pues permite que las relaciones se profundicen y a la vez brinda la posibilidad de tratar con asuntos delicados.

Los atributos de Dios

Pregunta: «¿Qué atributo de Dios ha sido particularmente significativo para ti en los últimos tiempos?» (Por ejemplo: «Realmente valoro la fidelidad de Dios conmigo porque...»).

Tanto el líder como cada miembro del grupo deben hablar sobre esto.

Variación: No hables de ese tema: ve directo a la oración y oremos acerca de los atributos de Dios y el significado de esto en relación a la persona.

Los nombres en un versículo

El líder escoge un tema con antelación y escoge versículos sobre ese tema, un versículo para cada miembro del grupo y también para él o ella. Durante un tiempo de oración, pide a cada persona que lea el versículo que tiene su nombre y que ore basándose en dicho versículo.

Por ejemplo, supongamos que el tema es «El amor de Dios por nosotros». Los versículos escogidos podrían ser el Salmo 13:5-6, Juan 15:9, Romanos 5:5, etc. Uno de los miembros del grupo lee en voz alta el Salmo 13:5-6: «Pero yo, Sandra, confío en tu gran amor; mi corazón se alegra en tu salvación. Canto salmos al Señor. ¡El Señor ha sido bueno conmigo!»

Servirse mutuamente

Busquen oportunidades para servirse los unos a los otros fuera del tiempo de reuniones. Esto será muy provechoso para desarrollar las relaciones entre los miembros. Qué tal si

· pintamos una habitación de la casa de otro

· hacemos un gran proyecto de limpieza

· traemos comidas cuando sea necesario

Servir juntos a otros

Busquen oportunidades para servir como grupo al ayudar, apoyar o animar a alguien. A continuación mencionamos algunas cosas que pueden hacer;
· ayudar a una familia o persona necesitada

· servir en la iglesia durante actividades especiales (por ejemplo, cuidar a los niños durante el servicio de Semana Santa)

· buscar una oportunidad de servir en un ministerio internacional

Celebrar

Busca motivos para celebrar: la primera reunión de un grupo, el nacimiento de un nuevo grupo, el crecimiento, los triunfos personales, el fin de una temporada en tu grupo, una experiencia exitosa. Sé creativo a la hora de celebrar. ¡Disfruten estar juntos!

«Es una vida maravillosa»

Con antelación, el líder le pide en secreto a tres amigos íntimos (puede incluir al cónyuge) de cada miembro del grupo que escriba cómo sería el mundo si esa persona nunca hubiera nacido. Antes de leer esto en voz alta, el líder proyecta la escena de aquella película clásica cuando George Bailey le dice al ángel que sería mejor si nunca hubiera vivido y el ángel Clarence le muestra cómo el mundo habría sufrido sin él.

Después de ver el video, lee en voz alta las tres cartas para cada persona. Permite que el grupo haga comentarios.

Indicadores

Entregas a cada persona un pedazo de cartulina, donde con antelación has escrito las siguientes categorías en el margen izquierdo:

Emocional — (¿Estoy consciente de mis sentimientos?)

Relacional — (¿Qué calidad tienen las relaciones con mi familia y mis amigos?)

Física/Recreativa — (¿Estoy saludable? ¿Estoy dedicando tiempo a la diversión?)

Cumplimiento del ministerio — (¿Cuál es mi nivel de alegría en el ministerio?)

Espiritual — (¿Cuán honesta y creciente es mi relación con Dios en estos días?)

Luego les entregas pedazos de cintas de colores o marcadores. Cada persona dedica un tiempo para analizar cada dimensión de su vida y coloca un pedazo de cinta de color o hace una marca de color al lado de cada indicador. Los colores tienen los siguientes significados:

Verde   Estoy floreciendo en este aspecto.

Gris   Estoy bastante bien; ni excelente ni pésimo.

Amarillo   Cada vez me preocupa más este aspecto. ¡Cuidado!

Rojo   Tengo problemas en este aspecto. Requiere serios cuidados y correcciones.

Luego cada persona muestra su tarjeta y explica los indicadores.

La silla eléctrica

El líder llama a cada miembro del grupo, uno a la vez, para que se siente en una silla de la habitación, de frente al resto. Entonces la persona en la silla eléctrica escoge una pregunta del montón y la responde. Los miembros del grupo continúan haciendo preguntas o debatiendo las respuestas de la persona durante los tres o cuatro minutos siguientes.
Algunos ejemplos de preguntas para el ejercicio anterior pueden incluir:
¿Cuál es tu libro favorito de la Biblia y por qué?

Llene los espacios en blanco:
En los últimos tiempos me estoy volviendo más_____.

El sentimiento que mejor describe dónde me encuentro en este momento es
_____.

Si hubiera una persona en el mundo con quien pudiera pasar un día, esta sería
_____.

Noche para mostrar aprecio entre los miembros del grupo

Cada miembro del grupo tiene una hoja con su nombre en la parte superior. En el papel hay suficientes líneas dibujadas como para que quede un cuadro para cada persona en la habitación. En la parte superior de la hoja está escrita la afirmación: «Aprecio a esta persona porque él/ella...» Pasa estas hojas y pide a cada miembro que complete esa oración llenando un cuadro. Después que hayan circulado todas las hojas por la habitación, devuélvelas a sus dueños. Entonces pide a los miembros que conversen acerca de lo que más les impresiona con respecto a la afirmación que otros miembros del grupo escribieron sobre él o ella. (Esto debe tomar de 30 a 45 minutos aproximadamente).

Historia de mi vida

Durante un período de varias semanas puedes pedir a los miembros de tu grupo, uno a la vez, que cuenten la historia de su vida en quince minutos. A continuación puedes dedicar quince minutos al debate y la interacción. El objetivo del ejercicio es descubrir con exactitud cuál es el origen de cada persona. A menudo es difícil apreciar a una persona hasta que conocemos su pasado y algunos de los acontecimientos significativos de su vida.

Servicio de comunión en el grupo

El propósito de esto es compartir el Pan y la Copa como grupo. Esta puede ser una experiencia increíblemente significativa.

Cada persona, una a la vez, sirve personalmente a otro miembro del grupo. (Puedes asignar con antelación a quién van a servir o simplemente ir en círculo). A medida que se sirvan unos a otros haz comentarios apropiados acerca del amor de Cristo, específicamente para la persona que esté sirviendo en ese momento. Cuando hayan terminado, el grupo termina con un tiempo de oración y/o adoración.

Tres posesiones materiales clave

Prepara la escena de la siguiente forma: Explica al grupo que acaban de descubrir un gran fuego en sus casas. Luego de asumir que han tenido la oportunidad de rescatar ilesos a sus familiares, ¿qué tres posesiones materiales sacarían de la casa en llamas? Pide a los miembros que expliquen por qué escogieron lo que escogieron. Luego, genera un debate para descubrir el valor detrás de cada una de las posesiones y por qué queremos tanto algunas cosas.

Foto del grupo

El propósito de este ejercicio es hacer que cada miembro tome una «foto» del grupo. Dicho de otra forma, pide a cada persona que dibuje o escriba cómo ve al grupo usando una fotografía hablada. Por ejemplo, podrían describir el grupo como lo siguiente:

·   Un hospital (un lugar donde se curan las heridas)

·   Una estación de servicio (un lugar donde nos recargamos espiritualmente)

·   Una fortaleza (un lugar seguro donde se puede conversar sobre las luchas)

·   Un campo de batalla (un lugar donde podemos perfeccionar lo que somos en Cristo)

·   La cima de una montaña (un lugar para ganar perspectiva y recibir ánimo)

·   Un valle (un lugar de desánimo y prueba)

·   Un carnaval (un lugar para la diversión, el entusiasmo y la emoción)

Estos son solo algunos ejemplos, pero pide a los miembros que escriban o dibujen la clase de ambiente que necesitan o que observan en el grupo.

Llenar los espacios en blanco

Pide a varios miembros del grupo que llenen los siguientes espacios en blanco:

1. Mañana, algo que probablemente yo dé por sentado es _____

2. El año pasado durante esta época nunca habría imaginado que Dios podría_____

3. La persona por la que más agradecido estoy este año es _____ porque
_____

«Estamos viviendo en una era en la que el arte de la conversación es prácticamente algo del pasado... Sin embargo, al mismo tiempo, hay un hambre creciente por sentir cercanía, ser conocidos y que nos entiendan».

JERRY JONES
GREAT QUESTIONS

4. Uno de los atributos de Dios que más aprecio es que él es _____

5. Dios usó a las siguientes personas para enriquecer mi vida durante el año que pasó:
   _____
   _____

6. Quiero dar gracias a Dios específicamente por darme el don de _____ para que lo pueda usar para servirlo a él y a la iglesia.

7. Teniendo en cuenta el nivel de vida de la mayor parte de la población mundial, soy rico porque tengo las siguientes bendiciones materiales:

8. Si pudiera ponerme de pie y gritar cualquier cosa al resto del grupo esta noche, les diría que:
   _____
   _____

9. Mi Dios es _____

Ideas para la adoración

1. Escuchen o canten una grabación de adoración.

2. Caminen hasta un parque o reserva forestal cercana y alaben a Dios por su poder creativo.

3. Pide a tu grupo que piensen en los nombres de Dios que se encuentran en las Escrituras. Pide a cada miembro que diga por qué ese nombre es importante y haz una pausa para glorificar a Dios por quién es él.

4. Pide a los miembros que escojan un salmo o un pasaje favorito de las Escrituras que se enfoque en quién es Dios o en quién es Jesús. Léelo en voz alta y luego hagan una pausa para orar.

5. Pide a cada miembro que escriba oraciones de adoración y alabanza a Dios. Pide que las lean al resto del grupo. Considera esto como si le estuvieras escribiendo una carta a Dios.

6. Asistan juntos a un concierto cristiano de adoración o a un servicio de la iglesia.

7. Pide a los miembros de tu grupo que usen sus cámaras de video (si tienen) para grabar imágenes de cosas que les pueden hacer pensar en Dios o adorarlo. Véanlas juntos como grupo. Hagan una pausa para reflexionar acerca de quién es Dios y qué está haciendo en sus vidas.

Actividades sociales

1. Comer juntos.

2. Practicar deportes juntos.

3. Hacer un retiro como grupo.

4. Ir a un parque.

5. Ir a un concierto.

6. Ir a un lago/playa durante el día.

7. Ir a algún lugar especial durante la Navidad.

8. Ir a un sembrado de calabazas durante la época de Acción de Gracias.

9. Tener una fiesta de la cosecha durante el otoño.

10. Ver juntos un video y criticarlo.

11. Hacer juntos palomitas de maíz, helado o pizza.

12. Hacer una lluvia de ideas en el grupo en busca de cosas divertidas para hacer.

Alcance

1. Orar por alguien que llene la silla vacía.

2. Orar por diferentes partes del mundo que necesitan a Cristo.

3. Orar por un misionero de la iglesia.

4. Planificar un viaje al interior de la ciudad.

5. Entre todos reunir materiales o regalos para llevar a algún orfanato en los Estados Unidos o México.

6. Celebrar una cena sencilla e invitar a otras personas.

7. Tener una fiesta la noche del Superbowl (o Copa Mundial o juego de pelota) o una noche de premios Oscar e invitar a los vecinos.

8. Adoptar a un niño a través de World Vision y apoyarlo financieramente.

9. Planificar la asistencia de amigos a un servicio para personas en la búsqueda espiritual.

10. Pasar juntos el curso de entrenamiento Becoming a Contagious Christian.

CONSEJOS PARA SOLUCIONAR LOS PROBLEMAS

No es fácil crear lugares seguros donde el cambio de vida pueda producirse a plenitud. A veces es reconfortante saber que todos los grupos pequeños pasan por alguna clase de dificultad relacional. Si los miembros del grupo desean crecer, las personas tendrán que ser vulnerables. Cualquiera que alguna vez haya liderado o participado en un grupo pequeño te dirá que donde la gente es emocionalmente transparente, habrá problemas. Cuando estos se presentan, el trabajo del líder es guiar al grupo en la dirección correcta.

Hay dos principios que guían los esfuerzos de un líder para resolver con éxito los problemas. Primero, toda solución debe promover la salud y la plenitud del individuo. Segundo, toda resolución también debe promover la salud y la plenitud del grupo completo.

Parte de los siguientes consejos para solucionar problemas se recopilaron en debates con líderes experimentados de grupos pequeños. Estos serán muy útiles para ayudar a tu grupo a tratar situaciones problemáticas con discernimiento y gracia. Recuerda, ninguna técnica es cien por cien efectiva para resolver las dificultades que tu grupo enfrentará, pero con atención bañada de oración, sensibilidad e interacción amable al poner en práctica uno o más de estos consejos, tu grupo tiene grandes posibilidades no solo de derribar esa barrera, sino de alcanzar la madurez y la verdadera comunión que se encuentran detrás de esta.

Asunto #1 — El miembro que habla demasiado

Si no se modera adecuadamente, lo que empieza como un goteo de palabras amistosas puede convertirse en una inundación. El hablador casi nunca es tímido y a menudo se siente incómodo con los largos momentos de silencio. Detrás de esta necesidad de llenar las pausas lo que con frecuencia existe es el temor a la intimidad o a la revelación personal. El hablador analiza los temas de forma superficial y con mucha facilidad puede alterar el ritmo de un grupo si no hay algún tipo de intervención con tacto. A continuación mencionamos algunos consejos que podrían resultarte útiles.

Establece reglas básicas para tu grupo

- Establece la regla de que nadie puede hablar por segunda vez a menos que todo el que quiera hablar haya tenido una oportunidad de hacerlo. A menudo, en el caso de un hablador que es casado, el cónyuge permanece en silencio o parece introvertido. Aprovecha la situación. Cada persona puede hablar por segunda vez después que su cónyuge haya tenido la oportunidad de hacerlo. Te quedarás asombrado de la respuesta de los cónyuges más callados.

- Establece (o reitera) la regla de que nadie puede superar a otra persona mientras esté hablando (lo que se traduce: «¡No interrumpas!»).

- Haz que, sistemáticamente, cada persona del grupo tenga la oportunidad de hablar. Al inicio recuerda ser sensible con los miembros que no están acostumbrados o que se sienten incómodos al hablar en público.

- En privado asegúrale al miembro hablador de tu grupo que valoras lo que dice pero que también deseas escuchar los comentarios de otras personas. Frente al grupo, dile que luego de la reunión te gustaría escuchar más acerca de lo que tiene que decir.

- Al inicio de la reunión acuerden tratar ciertos temas al final, después que se haya hablado de todo lo demás (esto solo funciona si te has dado cuenta de los temas que trata repetidamente el hablador).

- A continuación presentamos una solución creativa: lanza una pelota de fútbol o algún objeto alrededor de la habitación. Solo la persona que tenga el objeto en su mano tiene el derecho de hablar en el grupo.

- Durante el debate, trata de cortar y con mucho tacto dirige la pregunta a otra persona.

Encuentros individuales

- Pasa algún tiempo a solas con el hablador. Intenta encontrar los motivos que llevan a la persona a querer dominar la reunión.

- Confronta a la persona en privado con firmeza y sensibilidad. Comienza con las contribuciones positivas que la persona ha hecho al grupo y la necesidad que sienten los otros de tener una oportunidad para hacer un aporte similar. También usa el momento de la confrontación como un momento de afirmación.

- Pide la ayuda del hablador para hacer que otros hablen. Sugiérele que termine sus comentarios con una pregunta como: «Entonces, ¿qué piensan ustedes?»

Asunto #2 — La persona que tiene todas las respuestas

Durante demasiados años en la comunidad cristiana la madurez espiritual se ha determinado erróneamente sobre la base de cuánto sabe la persona. Esta medida contrasta grandemente con la noción bíblica de que el «fruto» del creyente se define por lo que haces y lo que eres. Debido a esta interpretación incorrecta de las enseñanzas de Jesús, el conocimiento ha precedido a la acción en la lista de las virtudes cristianas más significativas. No es sorprendente, entonces, que muchos miembros sinceros de los grupos no vean nada malo en dar respuestas fáciles al simplemente citar un versículo de la Biblia o involucrarse en una minucia de trivialidad teológica que no tiene nada que ver con lo que se está tratando en el grupo. A estos miembros con frecuencia les gusta discutir y tienen muy poca tolerancia para interpretar los sentimientos o los pasajes bíblicos en un contexto más amplio. A menudo harán lo que sea para asegurar que los demás escuchen y apoyen sus opiniones.

Las personas que tienen todas las respuestas pueden desmantelar la seguridad con mucha facilidad. Otros miembros no tienen por qué sufrir el dolor de la desatención, del juicio o de un espíritu de discusión. A continuación presentamos algunas formas muy útiles de proveer lo que necesita la persona que tiene todas las respuestas y mantener a la vez el proceso del grupo en la dirección correcta.

Toma partido durante la reunión

- Retoma la idea, la pregunta o el pensamiento original.

- Reenfoca el debate en el pasaje o en el material que se está tratando y reúne toda la información que puedas de todas las personas; luego haz un resumen.

- Con amabilidad, redirige el debate hacia los otros miembros del grupo: «¿Qué piensa el resto de ustedes acerca de este pasaje?» o «¿Cómo se siente el resto de ustedes?»

- Reafirma lo que es correcto de lo que dice esa persona que «siempre está en lo correcto», pero busca otros puntos de vista.

- Sé un modelo de verdadera empatía de modo que la persona que tiene todas las respuestas pueda ver una mejor forma de ayudar a otros.

- Recuerda al grupo la importancia del silencio.

- Evita debatir sobre quién tiene la razón o no.

- Antes de la reunión, habla sobre cómo hacen sentir a los otros las respuestas «al dedillo» o muy simplificadas. Pide al grupo que se monitoreen entre ellos mismos. No tengas temor de llamar la atención a los miembros luego de establecer las reglas.

- Dirige el grupo a la oración.

Conversa con la persona que tiene todas las respuestas

- Si el problema persiste, conversa a solas con la persona que tiene todas las respuestas. Explícale las consecuencias de su actitud para el grupo. Dile la verdad en amor.

- Afirma a la persona por lo que sabe, pero también hazle saber que tal vez su conocimiento no sea lo que el grupo necesita o lo que es apropiado.

- Haz que la persona sepa que tiene que permitir que la comunicación de los otros se desarrolle por sí sola sin un juicio o corrección inmediata.

- Pide al miembro insensible que hable de sus sentimientos y no de sus pensamientos («Yo pienso…»).

- Pide a la persona que tiene todas las respuestas que ayude a resumir o a decir en otras palabras algunos puntos del debate.

- Intenta, en privado, encontrar el motivo por el que esa persona quiere siempre ser el que «todo lo sabe».

Asunto #3 — El miembro de la agenda

Todos hemos luchado alguna vez con el tema de querer mantener un control excesivo sobre algunos aspectos de nuestra vida. Los grupos pueden convertirse en la arena donde se desarrollan las luchas de nuestros poderes pecaminosos. Algunas personas serán particularmente propensas a tratar repetidamente de probarse a sí mismas e intentarán redirigir alguna de las facetas de la vida del grupo a su manera sin otra aparente razón que sus preferencias.

La persona que tiene este problema deja huellas con sus frases delatadoras. Usa frases tales como «sí, pero» o «Bueno, yo pienso». A menudo esta persona critica el proceso del grupo, incluso con respecto a asuntos que el grupo ya ha establecido. A continuación ofrecemos algunas sugerencias para ayudarte a tratar con este individuo.

Reafirma los pactos del grupo mientras están juntos

- Reafirma, retoma, restablece, desafía, redefine (usa la palabra que desees), pero recuérdale a todos el acuerdo acerca de las pautas para participar en el grupo.

- Debate estas normas con todo el grupo para reafirmar el propósito y los valores de los encuentros.

Conversa con la persona de la agenda

- Confronta a la persona en privado y trata de discernir el problema que se esconde detrás de su actitud.

- Sugiere que la persona trabaje con los otros miembros para encontrar una solución con iniciativa que resuelva el problema pero que no viole los límites que el grupo ha establecido.

Asunto #4 — Los debates superficiales

Con frecuencia, al comenzar las relaciones, hay un período en que hablar sobre los hechos es más fácil que hablar sobre los sentimientos. No se arriesga mucho desde el punto de vista emocional y, por lo tanto, no se gana mucho durante esta etapa. Al principio, esta comunicación superficial es normal y no debe ser motivo de alarma.

Sin embargo, con frecuencia los grupos luchan para romper el duro hielo de la superficialidad e ir más profundo, incluso después de muchas reuniones. Esta vacilación puede ser el resultado de la dirección del líder, o porque alguien más está impidiendo el progreso de los lazos de unión entre los miembros del grupo. Aparte de lo que esté manteniendo al grupo en el modo de «congelación funcional», puedes prepararte con relativa facilidad para enfrentar este problema.

La comunicación superficial también puede ser una señal de que estás tratando de profundizar demasiado rápido. Reflexiona un momento y piensa si eso es lo que sucede. Si sientes que has ido demasiado rápido, admite tu error y disponte a proceder con un paso más realista. Al humillarte a ti mismo de esa forma, modelarás la vulnerabilidad en vez de dañar la química de la relación entre las personas que se reúnen. De hecho, tu franqueza hace posible centrar el enfoque y unir a los participantes para que en el futuro crezcan juntos.

Mejorar tus preguntas

- Con mucha frecuencia, la primera forma de hacer que un grupo sea franco es guiar con el ejemplo. Este eslogan muy bien podría postularse para los grupos pequeños: «La velocidad del líder es la velocidad del equipo». Una regla que casi siempre funciona es hablar tan profunda y francamente como quisieras que los otros lo hicieran.

- Haz aplicaciones y preguntas específicas. No tengas miedo de retar al grupo.

- Haz preguntas de «sentimiento» en vez de preguntas de «opiniones» o «hechos».

- Cuando sea apropiado, sé más directo. A veces, haz preguntas cerradas que requieran respuestas específicas en vez de preguntas abiertas.

- Repite y reformula la pregunta. Con frecuencia el silencio significa que los miembros del grupo simplemente están inseguros de lo que se les preguntó. (El silencio también puede indicar que están pensando, no que se estén negando a contestar).

Crea un clima de seguridad

- Durante los primeros minutos de la reunión, recuerda a los miembros el acuerdo de confidencialidad.

- Si tu grupo es demasiado grande, divídelo en subgrupos más pequeños.

- Comunícate con los miembros del grupo, fuera de la reunión, para saber si hay algo que pudiera haber facilitado la respuesta de la pregunta.

SEGUIMIENTO DESPUÉS DE LA REUNIÓN

GANAR RETROALIMENTACIÓN PARA TU MINISTERIO

El propósito de cualquier retroalimentación y evaluación es mejorar e incrementar la eficiencia de tu ministerio. Ganar la retroalimentación de otras personas con respecto a tu liderazgo y al grupo es útil para reafirmar tus fortalezas y mejorar tus debilidades.

Hemos diseñado tres herramientas que te ayudarán a evaluar y mejorar el ministerio de tu grupo pequeño. Las herramientas se describen en el cuadro que aparece a continuación y también se incluyen ejemplos. (Te damos estos pero también puedes diseñar los tuyos. No necesitas demasiadas formas para ser eficiente pero es útil cuando tratamos de evaluar y llevar un registro del progreso del grupo).

Herramientas para evaluar tu ministerio

Formulario	Propósito	Requerido u opcional	Persona que lo completa	Cuán a menudo
El formulario tocar base (TB) *(Encuentros)*	Para resumir las actividades de las reuniones, el desarrollo del aprendiz, los planes futuros, los motivos específicos de oración y las celebraciones	Requerido	Aprendiz y/o líder	Mensual
Retroalimentación y desarrollo del líder (Líder)	Para ayudar a los líderes a reafirmar sus fortalezas y a mejorar los aspectos que requieren el desarrollo de habilidades	Opcional	Aprendiz, miembros, o mentor	Como se desee (al menos dos veces por año)
Planificación para el cambio de vida (Grupo)	Para ayudar a los grupos a debatir su crecimiento y madurez como grupo	Opcional	Líder y grupo juntos	Cada seis meses

Tocar base: Resumen del grupo pequeño

Líder_____Mes_____ Año_____

Aprendiz de liderazgo[1]_____ Mentor_____

Aprendiz de liderazgo[2]_____Líder de división/director de ministerio_____

Instrucciones: Líderes, por favor, llenen este formulario todos los meses. Quédense con una copia y también entreguen una copia a su mentor o líder de ministerio.

Registro de asistencia

Reuniones	Fecha 1	Fecha 2	Fecha 3	Fecha 4	Resumen
Asistencia total (total de personas en la reunión)					
Asistentes que necesitan cuidado primario					
Visitantes que asisten por primera vez					
Invitado (ej.: mentor, líder de división, amigo de un miembro)					
Asistentes regulares ausentes					

¿Alguien abandonó el grupo durante el último mes?

__Sí __No Si marcó Sí, por favor, escriba el nombre y la razón por la que salió

Nombre _____Razón por irse_____

Resumen de actividades
Describe brevemente lo que tu grupo hizo este mes; incluye las actividades dentro del grupo, fuera del grupo e individuales.

Próximos pasos
¿Qué planes tienes para el grupo el mes que viene? ¿Qué estás haciendo para desarrollar a tu aprendiz o aprendices? ¿Has identificado algún aprendiz potencial?

Solo para que sepas… ¿Hay algo que te gustaría celebrar? ¿Tienes algún problema, peticiones de oración o preguntas? (Nota: Para problemas o peticiones de oración urgentes, por favor, llama a tu mentor o líder de división).

Retroalimentación y desarrollo del líder (Parte 1)

De:_____

Por favor, considera: Esta herramienta se diseñó para evaluar, con el propósito de animar, no de juzgar con el ánimo de condenar.

Liderazgo durante las reuniones

1. En una línea continua, ¿dónde ubicarías el estilo de comunicación del líder durante las reuniones? Marca con una «X»:

   _____

   Solo lectura   Solo debate

   En la escala anterior, marca con una «O» dónde te gustaría que estuviera el líder.

2. En una línea continua, ¿dónde ubicarías el control del líder sobre el desarrollo de las reuniones? Marca con una «X»:

   _____

   Autocrático/control   Colaboración/relajado

   En la misma escala anterior, marca con una «O» dónde te gustaría que estuviera el líder.

3. En una línea continua, ¿dónde ubicarías la participación general de los miembros del grupo en los debates? Marca con una «X»:

   _____

   Minoría habladora   Participación balanceada

   ¿Hay algo que pueda hacer el líder para balancear la participación?

4. ¿Cómo manejó el líder los diferentes elementos de la reunión?

   - Comenzar puntualmente

   - Revisar la tarea (si aplica)

   - Explicación o enseñanza de las Escrituras

   - Tiempos de debate

   - Ayudar a hacer aplicaciones personales

   - Terminar puntualmente

Liderazgo fuera de las reuniones (Parte 2)

1. ¿Qué experiencias con el líder, fuera de las reuniones, han sido especialmente valiosas para ti?

2. ¿Qué aspectos de la vida del líder necesitas (quieres) observar más para poder ver un ejemplo piadoso?

3. ¿Qué pasos podría dar tu líder, además de dirigir las reuniones regulares de tu grupo, para ayudarte a crecer? (Sé específico.)

4. Haz comentarios sobre el líder en los siguientes aspectos:

    *   Disponibilidad fuera del tiempo de las reuniones

    *   Accesibilidad e interés

    *   Responsabilidad y firmeza, cuando es necesario

    *   Sensibilidad y compasión

5. ¿Hay alguna otra clase de retroalimentación que te gustaría dar al líder?

6. ¿Hay asuntos que están pendientes de resolver o que requieren atención?

7. ¿Qué afirmación puedes dar al líder, qué aspecto de toda la experiencia del grupo ha sido especialmente significativo para ti?

8. ¿En qué forma vas a orar por el líder?

Planes para el cambio de vida

Fecha:_____

Líder:_____

¿Cómo lo estamos haciendo?

Nuestro grupo es...	Escala de evaluación
	3 Está bien; complacidos con los resultados
	2 Va en la dirección correcta; hay aspectos que pueden mejorarse
	1 Enfrenta luchas; necesita ayuda

Madurez espiritual

Los miembros del grupo tienen iniciativa en el tema espiritual y están activos desarrollando su relación con Dios. Están participando en la iglesia a través del uso de sus dones espirituales y recursos materiales.

Comentarios:

Crecimiento relacional

Los miembros del grupo están activos construyendo relaciones entre ellos tanto dentro como fuera de las reuniones.

Comentarios:

Afianzar la seguridad

El grupo es un lugar seguro donde todos los miembros conversan voluntariamente acerca de sus pensamientos y sentimientos de una manera directa y transparente.

Comentarios:

Encuentros emocionantes

Las reuniones del grupo están llenas de vida y energía. Los miembros desean asistir y mencionan con frecuencia cómo las reuniones del grupo son una de las cosas más importantes de la semana.

Comentarios:

Bienvenida a las personas de afuera

Los miembros del grupo invitan a personas que no están relacionadas. Se utiliza la silla vacía y se unen nuevos miembros al grupo, por lo menos dos nuevos asistentes regulares cada 24 reuniones.

Comentarios:

Preparación para el nacimiento

El grupo reconoce el valor de los nacimientos y se reclutan y desarrollan nuevos líderes (aprendices) para asegurar el surgimiento de grupos saludables.

Comentarios:

RECURSOS

Preguntas frecuentes acerca de la dirección de las reuniones

P   *¿Cuánto tiempo debe durar una buena reunión?*

R   Debe ser lo suficientemente larga como para involucrar al grupo y lo suficientemente corta como para crear un anhelo por la próxima. No creas que todas las reuniones deben tener un cierre perfecto. Deja que los miembros se vayan de la reunión con algunas preguntas sin responder. ¡Eso mantendrá su interés durante días!

P   *¿Cuál es el mejor lugar para nuestra reunión?*

R   Depende del propósito. Pregúntate: «¿Dónde podemos reunirnos para hacer que este sea un tiempo memorable y cumplir nuestro propósito?» La variedad mantiene la frescura del grupo. Un cambio de lugar a menudo producirá un cambio en la atención, la participación y la franqueza.

RECURSOS ADICIONALES

Cómo liderar grupos pequeños por Neil McBride (CLC)
El capítulo 7, «Evaluar a tu grupo» contiene información útil e importantes preguntas en las que debe pensar todo líder. Aunque los métodos de evaluación que se debaten no son los mismos nuestros, el material lleva a la reflexión.

Small Group Leader's Handbook (Intervarsity)
El capítulo 12 es un excelente capítulo que contiene actividades e ideas para el grupo.

Parte seis

PASTOREAR A LOS MIEMBROS

Una vez que comiences con las reuniones, con el desarrollo de las relaciones y con el proceso de construir la vida en comunidad, necesitarás ayuda en dos aspectos: brindar apoyo sincero a tu gente cuando enfrenten luchas y darles alguna guía para crecer espiritualmente. De eso se trata el pastorear: cuidado responsable y desarrollo intencional.

En esta parte te proporcionamos un plan para pastorear y te ofrecemos algunas pautas para usarlo. Luego nos enfocaremos en tu papel como la persona que alienta y cuida y destacaremos la creación de un ambiente donde los unos cuidan a los otros de modo que tú no seas el único que tenga que llevar toda la carga. Después te daremos algunos consejos para responder a aquellas necesidades de cuidado que están más allá de la habilidad del grupo para manejarlas.

Este es uno de los ministerios más gratificantes en la vida de un grupo pequeño: desarrollar a las personas para que tengan una devoción completa y, a la vez, crear un lugar seguro y amoroso para cuando enfrenten las luchas y los retos inevitables de la vida. Tu grupo recordará estos momentos durante muchos años.

HACER DISCÍPULOS

EL DISCIPULADO BASADO EN EL GRUPO

A menudo, el discipulado se malinterpreta como una aventura que incluye solo dos personas. Pero en el Nuevo Testamento hacer discípulos siempre fue una actividad de grupos. Como afirmamos con anterioridad, rara vez las Escrituras hablan sobre Jesús reuniéndose con menos de tres de los doce discípulos. Cuando una persona instruye a otra dentro del contexto de un grupo pequeño, está protegiendo al nuevo discípulo de convertirse en un clon de alguno de los miembros. Les permite a los discípulos crecer en Cristo al experimentar la enseñanza, la dirección, el amor, el ánimo, la exhortación y los dones de muchos hermanos y hermanas en Cristo.

Entonces, ¿cuándo hacemos un ministerio individual? Al examinar los encuentros, cara a cara, entre Jesús y Pedro, Pablo y Timoteo y Pablo y Silas, queda claro que estas son relaciones de desarrollo de liderazgo, no un discipulado básico. Es importante pasar un tiempo preparando a los líderes que van surgiendo. Sin embargo, la mayor parte del tiempo puedes cumplir los objetivos del discipulado a través de un discipulado dentro del contexto de un grupo pequeño. El ministerio en y a través de los grupos y equipos refleja con más exactitud el modelo del Nuevo Testamento (Marcos 3:14; Mateo 10:5-42; Hechos 13:2; Hechos 16:1-5) y crea un ambiente de apoyo mutuo, ministerio, responsabilidad y capacitación.

PROMOVER EL CRECIMIENTO ESPIRITUAL

El crecimiento espiritual es un proceso que requiere tiempo y un espíritu dispuesto. Ocurre gracias a la obra del Espíritu Santo, la obediencia a las Escrituras, la intimidad con Cristo, tener experiencias (en especial las adversas) y relaciones responsables dentro de una comunidad. Como líder del grupo, tú no causas el crecimiento espiritual, pero puedes crear un ambiente que promueva y facilite dicho crecimiento. Es por eso que hemos recalcado la importancia de usar la Palabra de Dios en tu grupo, enseñar a tu grupo a orar, comprender la obra del Espíritu Santo en el grupo y la necesidad de construir relaciones auténticas y duraderas con los miembros.

Una de las mejores formas para fomentar el crecimiento espiritual de los miembros del grupo es evaluar ese crecimiento espiritual mediante los cinco aspectos clave: gracia, crecimiento, grupo, dones y buena mayordomía, los cuales reflejan un proceso del discipulado.

Hemos desarrollado un plan para pastorear usando estos cinco aspectos clave para que puedas «hacer crecer a tu grupo» en Cristo. Este plan se convierte en una herramienta para el discipulado a medida que estudian las Escrituras y responden juntos las preguntas.

Usa trimestralmente la hoja de trabajo y el cuadro que aparece abajo para que te ayuden a desarrollar una estrategia para facilitar el crecimiento espiritual de los miembros de tu grupo. Siéntate con cada miembro de tu grupo para ayudarle a identificar los aspectos del crecimiento espiritual que necesitan atención (tales como el estudio de la Biblia, la oración, las relaciones, las heridas del pasado, el servicio y una buena mayordomía). Luego, a medida que te reúnes con los miembros individualmente a través del tiempo de vida del grupo, dales seguimiento usando esta herramienta que te ayudará a recordar tus metas y lineamientos para el crecimiento del grupo.

Plan para pastorear un grupo pequeño

Nombre del líder				Trimestre: 1 2 3 4
				Plan de desarrollo del grupo
		Preguntas		**Plan trimestral**
	Gracia Para experimentar y extender la gracia salvadora (2 Co 5:18-19)	· ¿Por quién podemos orar para que reciba a Cristo? · ¿Cómo podemos animarnos y equiparnos unos a otros para extender la gracia salvadora a nuestra familia, amigos, compañeros de trabajo, vecinos o ganar al mundo para Cristo? · ¿Cómo podemos trabajar en equipo en nuestros esfuerzos de evangelismo?		
	Crecimiento Para crecer en la formación de Cristo en nosotros. (Heb 10:24-25)	· ¿Cuáles son las prácticas, experiencias y relaciones que ayudarán a que Cristo se forme en nuestro grupo? · ¿Qué estudiaremos para que Cristo se forme en cada uno de nosotros? · ¿Cómo podemos fomentar la participación en la adoración?		
	Grupos Para pastorearse los unos a los otros en una comunidad auténtica y amorosa. (Gá 6:2)	· ¿Cómo podemos ser mejores al amar, cuidar y formar, los unos con los otros, el cuerpo de Cristo? · ¿Cómo podemos fomentar una mayor autenticidad, vulnerabilidad y franqueza? · ¿Cuál es el siguiente paso para extender o multiplicar, entre otras personas, nuestra comunidad amorosa?		
	Dones Para descubrir, desarrollar y desplegar nuestros dones espirituales para servir al cuerpo de Cristo. (Ro 12:6-8)	· ¿Cómo podemos servir juntos al cuerpo de Cristo? · ¿Cómo podemos ayudar a desarrollar y desplegar los dones espirituales de cada persona? · ¿En qué «quehaceres domésticos» de la iglesia podemos ayudar como grupo?		
	Buena mayordomía Para administrar nuestro tiempo y posesiones según los propósitos redentores de Dios en nuestra iglesia, comunidad, nación y mundo. (Mt 25:40)	· ¿Cómo podemos animarnos los unos a los otros para administrar mejor nuestro tiempo y dinero? · ¿Cómo puede nuestro grupo extender la compasión en el ámbito local y global? · ¿Qué recursos personales, espirituales o materiales tenemos para compartir?		

USO DEL PLAN PARA PASTOREAR

1. **Construye una relación.** El primer paso para desarrollar a las personas es conocerlas. Jesús escogió primero a los doce que estarían con él (Marco 3:14) y luego los envió a realizar el ministerio. No podrás comprometerte completamente con cada miembro del grupo si solo te reúnes con cada uno individualmente. Después de reunirse durante algunos meses empezarás a identificar a algunas personas que están listas y ansiosas por desarrollarse.

   Busca personas que:

   - Muestren pasión en los debates

   - Estén deseosas de buscar tiempo para estar contigo

   - Tomen en serio al grupo

   - Expresen un deseo de cambiar y crecer

   A medida que edificas una relación, determina el lenguaje del amor de esa persona (según se describe en el libro de Gary Chapman, Los cinco lenguajes del amor).

   - Toque apropiado

   - Palabras de afirmación

   - Regalos significativos

   - Actos de servicio

   - Tiempo que pasan juntos

   Puedes encontrarte con alguien tan a menudo como quieras. Dos veces al mes es un buen promedio, pero en realidad varía según la persona. Usa tu hogar como un lugar para encontrarte con las personas durante las comidas entre el tiempo de las reuniones. Lleva a las personas contigo cuando salgas a hacer mandados o comunícate con ellos en los servicios de la iglesia.

2. **Discierne las necesidades.** A medida que comienzas a reunirte con las personas de tu grupo, trata de evaluar cuáles pueden ser sus necesidades de desarrollo y cuidado. Pregúntales cómo se verán a sí mismos de aquí a un año. Conversa sobre sus familias, sus relaciones y sus empleos. Empieza a amarlos por la forma en que Dios los hizo. Aprecia su llamado y sus dones exclusivos. Comienza a hacer preguntas acerca de sus metas con respecto al crecimiento.

   - ¿Qué clase de corazón, habilidades y actitudes quieren desarrollar?

   - ¿Dónde hay dolor o temor?

   - ¿Cuáles son sus esperanzas y deseos?

   - ¿Qué están leyendo?

«Es nuestra responsabilidad como cristianos estar conscientes del posible impacto de nuestras palabras en cada situación y escoger solo aquellas que reflejan sensibilidad ante la necesidad de otros».

LARRY CRABB
ENCOURAGEMENT

- ¿Cómo aprenden cosas nuevas (leyendo, observando, experimentando)?

- ¿Qué hacen para divertirse?

3. **Desarrolla un plan.** Ahora pueden reunirse y determinar cómo los puedes ayudar a avanzar. Decide algunos objetivos o prácticas o experiencias que fomenten el crecimiento espiritual. Establece algunas expectativas (rendirse cuentas) para el seguimiento. Escoge un tiempo y un lugar para encontrarse otra vez con el propósito de evaluar el progreso e identificar los puntos débiles.

Aquí es donde el Plan para pastorear puede usarse con más eficiencia. Al lado derecho del plan, a través de cada una de las cinco palabras, hay un espacio para anotar posibles pasos de acción. Enfócate en uno o dos aspectos y comienza a determinar dónde le gustaría estar a la persona dentro de dos o tres meses. Luego sugiere recursos para ayudarla a llegar allí.

CONSEJOS Y ACLARACIONES PARA USAR EL PLAN PARA PASTOREAR

- Este plan es compatible con nuestro marco de desarrollo de los cinco aspectos clave y puede no reflejar la estrategia ni el vocabulario de tu iglesia. Siéntete libre de adaptar las ideas y las preguntas a tu contexto.

- No intentes cubrir los cinco aspectos cada vez que te reúnas con alguien. Casi siempre las personas solo pueden tratar uno o dos aspectos de una sola vez. Debes comenzar con pasos cortos de modo que pueda prevalecer la sensación de cumplimiento.

- Al principio, estas conversaciones pueden ser vulnerables y embarazosas. A muchas personas nunca les han hecho este tipo de preguntas en cuanto a su crecimiento espiritual.

- Esta herramienta está diseñada para evaluar trimestralmente al grupo como un todo y puede (debe) usarse individualmente, pero eso no quiere decir que siempre tengas que ser tú la persona que se reúna con ellos. Tu aprendiz puede comenzar a usar esto y también los miembros del grupo pueden hacerlo en parejas.

- El proceso es más importante que llenar el gráfico. La meta es fomentar el auto-examen y la sumisión a la obra del Espíritu Santo en la vida de cada persona.

- Las personas se desarrollan a diferentes velocidades y aprenden de maneras diferentes. Este plan no se usará de la misma forma con todos.

- La oración es esencial para pastorear. Tú quieres lograr que las personas tengan el corazón y la sabiduría de Dios, no cumplir tu agenda para su vida. Interceder y orar por ellos profundizará sus relaciones.

- Recuerda que ellos son los responsables de su propio crecimiento, no tú. Tu trabajo es hacer preguntas, dar sugerencias para los próximos pasos a seguir y vincular a la persona con los recursos (y con otras personas) que puedan ayudarlos.

- Evita convertirte en un consejero (en el sentido profesional) y no trates de «arreglar» a la gente. De todas formas, Dios es el único que puede hacer esto.

- Considera usar el plan con más de una persona a la vez, en especial si estás desarrollando a un aprendiz. Verte en el proceso le mostrará al aprendiz cómo formular preguntas que contribuyan al desarrollo.

- Por último, siempre busca algo por lo cual afirmar y elogiar la vida de tu gente, en especial si sienten que no están viviendo y creciendo como se esperaba.

ANIMAR A LOS MIEMBROS DEL GRUPO

Puedes animar a otra persona cuando tu amor por ella alivia su temor. Todo el mundo tiene temores o desilusiones o confusiones acerca de la vida. Animamos a otros cuando realmente les mostramos que los amamos en medio de su dolor. Proverbios 18:21 nos dice que la lengua tiene el poder de la vida y de la muerte. Las palabras de ánimo producen vida; las palabras duras o que avergüenzan producen muerte. Tu trabajo como líder es dar palabras de vida a las personas que están sintiendo la punzada de la muerte desde el punto de vista emocional. Escucha las instrucciones de Pablo en Efesios 4:29: «Eviten toda conversación obscena. Por el contrario, que sus palabras contribuyan a la necesaria edificación y sean de bendición para quienes escuchan». El ánimo edifica a la comunidad.

Consejos para convertirse en una persona que anima

1. Sé lento para hablar (Pr 12:18; 13:3; Stg 1:19). Una buena forma de animar a los miembros es escuchar sus historias con atención y amabilidad. No trates de arreglar las cosas con rapidez o de dar respuestas fáciles y simplistas a sus problemas o asuntos. Solo escucha.

2. Ejercita la sensibilidad. La Biblia nos recuerda que nuestras palabras deben estar sazonadas con sal. Nuestras palabras deben estar llenas de gracia (Ef 4:29) y deben imitar las de Jesús, llenas de gracia y verdad (Juan 1:14).

3. Muestra amabilidad al hablar. Las palabras amables son suaves y tiernas. La verdad no siempre tiene que decirse como si estuviéramos disparando un rifle. La verdad que se dice con amabilidad se escucha con más atención y crea más disposición para obedecerla.

Dificultades que deben evitarse cuando intentamos animar

1. Estás a la defensiva. No trates de justificarte a ti mismo. Solo escucha lo que otros están diciendo e intenta aclarar lo que se ha dicho.

2. Sarcasmo y crítica. A veces el humor se nos va de las manos. Recuerda que las palabras pueden herir con facilidad a la persona (Pr 15:4).

3. Corrección. No les digas a las personas que sus sentimientos son erróneos o inexactos, ni le digas a alguien: «No debes sentirte así». El asunto es este: se sienten así y tú necesitas escuchar con atención para determinar por qué están experimentando esos sentimientos.

4. Dar consejos. Evita dar respuestas antes de investigar realmente las preguntas. Dar consejos puede denigrar y puede cortar la comunicación. Los consejos rápidos a menudo ignoran el verdadero problema.

Dar ánimo verdadero requiere escuchar activamente. Significa comprometerse por completo con la otra persona y participar en su dolor y frustración. A medida que escuchas con atención, serás capaz de dar palabras de ánimo, aliento y esperanza a las personas en tu grupo. Recuerda, las Escrituras están llenas de exhortaciones para edificarse y animarse mutuamente. Los siguientes «unos a otros» del Nuevo Testamento revelan el corazón de Dios y su deseo de que su pueblo desarrolle relaciones amables entre sí. A medida que los estudias, reflexiona acerca de cómo los puedes incorporar en las actividades de tu grupo.

ALGUNOS DE «UNOS A OTROS» DEL NUEVO TESTAMENTO

Vivir en paz unos con otros (Mr 9:50)
Deben amarse los unos a los otros (Juan 13:34)
Ámense los unos a los otros con amor fraternal (Ro 12:10)
Respétense y hónrense mutuamente (Ro 12:10)
Vivan en armonía los unos con los otros (Ro 12:16)
Dejemos de juzgarnos unos a otros (Ro 14:13)
Acéptense mutuamente (Ro 15:7)
Instrúyanse unos a otros (Ro 15:14)
Salúdense unos a otros (Ro 16:16)
Sírvanse unos a otros (Gá 5:13)
Ayúdense unos a otros a llevar sus cargas (Gá 6:2)
Sean pacientes, tolérense unos con otros en amor (Ef 4:2)
Sean bondadosos y compasivos unos con otros (Ef 4:32)
Perdónense mutuamente (Ef 4:32)
Anímense unos a otros con salmos, himnos y canciones espirituales (Ef 5:19)
Sométanse unos a otros, por reverencia a Cristo (Ef 5:21)
Con humildad consideren a los demás como superiores a ustedes mismos (Fil 2:3)
Instrúyanse unos a otros (Col 3:16)
Aconséjense unos a otros (Col 3:16)
Anímense unos a otros (1 Ts 4:18)
Edifíquense unos a otros (1 Ts 5:11)
Preocupémonos los unos por los otros, a fin de estimularnos al amor y a las buenas obras (Heb 10:24)
No hablen mal unos de otros (Stg 4:11)
No se quejen unos de otros (Stg 5:9)
Confiésense unos a otros sus pecados (Stg 5:16)
Oren unos por otros (Stg 5:16)
Revístanse todos de humildad en su trato mutuo (1 Pedro 5:5)

PROVEER CUIDADOS

BRINDAR CUIDADOS Y PASTOREAR

Brindar cuidados es parte de las responsabilidades de un pastor. Dios espera que brindemos la clase de cuidado que él mismo le daría a su rebaño. Esto queda claro en Ezequiel 34:1-16, donde Dios reprende a los pastores de Israel por no cuidar de forma apropiada al rebaño. Cuando estudias el pasaje, te das cuenta que Dios desea que los pastores

- alimenten al rebaño
- lo lleven a descansar
- busquen a las ovejas perdidas
- traigan de regreso a las extraviadas
- curen a las ovejas heridas
- fortalezcan a las que están enfermas

Ser pastor es una responsabilidad asombrosa. Es por eso que hemos limitado el número de personas bajo el cuidado de un pastor. Si tienes demasiadas personas que cuidar, con el tiempo te sentirás abrumado. ¿Cuánto cuidado provees y con qué frecuencia? Hay tres niveles de cuidado fundamental: cuidado primario, cuidado mutuo y cuidado de respaldo. El cuidado en las crisis o las emergencias se explica en la sección siguiente.

Cuidado primario

El cuidado primario se refiere a la atención y el apoyo normal y regular que se espera que un líder de grupo brinde a los miembros del grupo. A veces hay gente que pertenece a más de un grupo. En tales casos, pregúntales dónde esperan recibir el cuidado primario. Dicho cuidado incluye el apoyo en oración, las llamadas telefónicas, el ánimo, las visitas a los enfermos y la búsqueda de recursos que satisfarán las necesidades de cuidado de los miembros del grupo.

Cuidado mutuo

El cuidado mutuo es lo que los miembros del grupo se brindan los unos a los otros. No es posible (ni se espera) que el líder del grupo brinde todos los cuidados a todos los miembros del grupo. La meta de un grupo pequeño es proveer un cuidado mutuo e interactivo. Esta clase de cuidado incluye llevar comidas a familias con bebés recién nacidos, visitar a los que están en el hospital y orar y ayudar de acuerdo a las necesidades de los demás. Dicho cuidado nos permite cumplir el mandamiento que aparece en Gálatas 6:2, que dice: «Ayúdense unos a otros a llevar sus cargas, y así cumplirán la ley de Cristo».

Cuidado de respaldo

Tu primera línea de defensa, o cuidado de respaldo, es tu mentor. Si tu mentor no está disponible, acude a tu líder de división o a otro líder de la iglesia. Juntos pueden elaborar una «estrategia para el cuidado» según la necesidad particular que deseas satisfacer. En otros casos, comunícate con tu pastor o con tu consejero pastoral para buscar una guía. Las iglesias más grandes pueden tener un ministerio de «cuidado a la comunidad» para proveer apoyo adicional a los líderes y mentores de los grupos pequeños.

RESPONDER A UNA CRISIS

EL CUIDADO DURANTE LAS CRISIS

En un grupo pequeño de vez en cuando se puede presentar una emergencia o una crisis. Como líder del grupo, las personas acudirán a ti en momentos de crisis.

Manejar una crisis

En casos de daño físico inminente

Comunícate con la policía de inmediato. Dichas crisis pueden incluir:

- Situaciones de amenaza para la vida

- Accidentes graves o emergencias

- Un intento o amenaza de suicidio

- Una persona que amenaza con ser violenta consigo misma o con otros

Aunque es muy poco probable que alguna vez experimentes cualquiera de estas crisis dentro del contexto de la reunión del grupo (o incluso con miembros de tu grupo), debes estar consciente de la posibilidad y saber que debes comunicarte de inmediato con la policía.

Otras situaciones serias

Si enfrentas una situación seria que requiera ayuda y guía adicional para hacerle frente (por ejemplo, abuso infantil o descuido, abuso conyugal, etcétera) comunícate de inmediato con tu mentor y con la iglesia para que te ayuden a discernir la severidad de la crisis y para que te ayuden a reportar el incidente a las autoridades correspondientes (si fuera necesario).

Recuerda, en la mayoría de las situaciones tu primer punto de contacto debe ser tu mentor. Si no está disponible, llama a tu líder de división o a otro líder del ministerio. Pero si hay alguna amenaza de violencia o peligro, llama a la policía de inmediato.

Apoyar vs. Aconsejar

Como líder de un grupo pequeño, se espera de ti que proveas apoyo y consejo a los miembros de tu grupo. Sin embargo, tú no estás preparado para ser un consejero profesional, así que no debes asumir dicho papel. En lugar de esto, tu responsabilidad es proveer oportunidades para que los miembros reciban la atención adecuada que necesiten. A continuación mencionamos algunas situaciones que pueden requerir ayuda profesional:

- Problemas matrimoniales serios

- Historia de abusos en el pasado

- Adicciones

- Desórdenes severos de la personalidad

- Disfunciones o desórdenes mentales

Si encontraras algo parecido a cualquiera de los ejemplos anteriores, comunícate con tu mentor para decidir cuáles son los pasos a seguir. Juntos pueden elaborar un proyecto para hacer que un miembro del grupo busque consejería u otro tipo de ayuda. Nunca llames a un líder de la iglesia directamente ni le des el nombre del miembro. En dichos casos, es imperativo que no violes el derecho de confidencia de la persona.

El hecho de que creas que alguien necesita consejo no significa que esa persona esté dispuesta a recibir consejería. Trabaja con tu mentor y con los líderes del ministerio en la iglesia para determinar cómo acercarse a una persona para sugerirle que reciba consejo u otra ayuda.

RECURSOS

Preguntas frecuentes acerca de pastorear a los miembros

P   *¿Qué sucede si no soy competente para satisfacer las necesidades de mi grupo?*

R   Muy a menudo los líderes se sienten obligados a satisfacer todas las necesidades de su grupo y cuando fallan se sienten culpables. A menudo necesitarás el apoyo de tu consejero, de tu equipo de líderes y de otros miembros de tu grupo para poder satisfacer sus necesidades. ¡Deja que sea un esfuerzo en equipo!

P   *Mi personalidad no funciona bien en las confrontaciones. ¿Qué hago?*

R   De una u otra forma tendrás que enfrentar la verdad. Si obvias una situación desagradable será peor. Los sentimientos acumulados y las emociones traerán consigo un conflicto emocional. Es mejor entrar voluntariamente al túnel de la confrontación, escoger tus palabras sabiamente y remediar la situación antes de que las cosas empeoren.

P   *¿Un programa oficial de miembros ayuda al ministerio de grupos pequeños?*

R   Es interesante ver cómo el ministerio de grupos pequeños aumenta los esfuerzos de los miembros de la iglesia. Los grupos pequeños son un lugar estratégico para lanzar la visión y pedir compromiso. Nuestro proceso para aceptar miembros nuevos se descentralizó de manera que ahora recae sobre los líderes de los grupos pequeños y los consejeros, con la supervisión de los ancianos. Descubrimos que los miembros de los grupos pequeños están más comprometidos con nuestra iglesia, y esto lo vemos en el servicio, la asistencia, las ofrendas y la participación en la vida de la iglesia.

RECURSOS ADICIONALES

Caring Enough to Confront de David Augsburger (Herald Press)

Encouragement de Lawrence Crabb Jr. y Dan B. Allender (Zondervan)

Lifestyle Discipleship de Jim Peterson (NavPress)

Shattered Dreams de Larry Crabb (Waterbrook)

Telling Each Other the Truth de William Backus (Bethany House)

Parte siete

MULTIPLICAR TU MINISTERIO

A medida que tu grupo empieza a madurar y tu aprendiz desarrolla habilidades para el liderazgo, es hora de hablar con otros acerca de lo que estás experimentando de modo que ellos también puedan disfrutar la vida en comunidad. Al invitar a otros a unirse a tu grupo y al preparar a tu aprendiz, estás creando un ambiente propicio para la multiplicación.

Para ayudarte en este proceso te hemos dado sugerencias para llenar las sillas vacías que quedan en tu grupo. También te ayudamos a preparar al grupo para el proceso del nacimiento, lo que incluye proyectar la visión, las estrategias para el nacimiento y relacionarte con el nuevo grupo luego de su nacimiento. Queremos ayudarte a vencer cualquier temor que puedas tener acerca de este proceso. Puede que sea difícil, pero es muy gratificante. Nuevas personas encontrarán una silla para sentarse a la mesa de la comunidad, aquellos que Dios ha llamado para el liderazgo encontrarán un lugar donde servir y tu grupo tendrá la satisfacción de dar un fruto que perdure. ¡De veras es una situación en la que todos ganan! Así que anímate y confía en Dios para ver los resultados.

AÑADIR MIEMBROS A TU GRUPO

MULTIPLICACIÓN DEL GRUPO

Dios y la silla vacía

El deseo de Dios, desde los comienzos de la humanidad, ha sido crear un pueblo que tenga comunión con él durante la eternidad. Aunque disfrutaba de comunión perfecta dentro de la Trinidad (Padre, Hijo y Espíritu Santo), el deseo de Dios era extender esa comunidad a todos los que pusieran su fe en él. Desde Génesis hasta Apocalipsis vemos el ferviente deseo de Dios de alcanzar a las personas e incluirlas en esta nueva comunidad:

La promesa de un Mesías (Gn 3:15)

La promesa a Noé (Gn 9:8-17)

La promesa a Abraham de hacer de él una gran nación (Gn 12:1-5)

La promesa de Dios de convertir a Israel en su pueblo (Éx 6:7)

La promesa de Dios a David de un reino eterno y de una morada para el pueblo de Dios (2 S 7:1-17)

El deseo de Dios de que todas las naciones de la tierra lo conozcan (Sal 67)

La invitación para que todos vengan y formen parte de la comunidad de Dios (Is 55:1-3)

La promesa de un Mesías que sería conocido en toda la tierra (Mi 5:2-5)

Todas las naciones de la tierra conocerán a Dios (Sof 3:8-10, 20)

La invitación para que todos vengan y reciban a Cristo (Mt 11:28-30)

El mandamiento de ir y hacer discípulos de todas las naciones (Mt 28:18-20)

La promesa de que todos los que crean formarán parte de una nueva comunidad (Juan 3:16)

El poder del Espíritu Santo nos capacitará para dar testimonio de Jesús (Hechos 1:8)

El mundo no escuchará el evangelio a menos que nosotros le hablemos de él (Ro 10:14-15)

Como puedes ver, durante siglos Dios ha estado invitando a las personas a llenar la silla vacía. Esto se hace evidente de una manera personal en la vida de Jesús. Jesús usó el concepto de la silla vacía para desarrollar relaciones con Nicodemo, con la mujer en el pozo, con la mujer sorprendida en adulterio y con los doce discípulos. Y esta invitación permanece hasta hoy. Andrés abrió la silla para Pedro, Bernabé abrió la silla para Pablo y Pablo abrió la silla para Timoteo. Parte del discipulado es invitar a sentarse en la silla a aquellos que no están involucrados en la comunidad bíblica. Esto incluye a las personas en la búsqueda espiritual, a cristianos apartados y a creyentes comprometidos que desean tener comunión.

Llenar la silla vacía

Puede que muchos de ustedes se estén preguntando: «¿Cómo lleno la silla vacía?» A continuación mencionaremos algunos pasos que te harán reflexionar y un cuadro que te ayudará a mencionar, en una tormenta de ideas, nombres de personas que potencialmente podrán añadirse a tu grupo.

Paso 1: Antes de que empieces a invitar a nuevos miembros

A. Involucra a todo el mundo en el proceso. Todos en tu grupo deben considerar cómo invitar a alguien al grupo.

B. Enseña y comenta en el grupo acerca de la silla vacía.

C. Oren con regularidad para que Dios llene la silla vacía.

D. Hagan una lista de miembros potenciales (usen el cuadro que aparece a continuación).

Paso 2: Cómo invitar a nuevos miembros

A. Permite que conozcan a otros miembros del grupo antes de asistir a una reunión del grupo.

B. Explícale al miembro potencial la visión de tu grupo.

C. Pídele que ore sobre el asunto de unirse al grupo.

D. Desarrollen relaciones antes de la reunión con el grupo.

E. Deja que asistan a algunas reuniones antes de que tengan que tomar una decisión final.

Paso 3: Después que los nuevos miembros asisten al grupo

A. Reconoce a la persona nueva y al miembro que lo trajo.

B. Pide a todos los presentes que, de forma breve, cuenten sus historias.

C. Celebra lo que está sucediendo en tu grupo.

D. Reafirmen el pacto.

E. No añadas personas demasiado rápido. Deja que el grupo asimile a los nuevos miembros y permite que crezcan juntos durante una temporada antes de invitar a otras personas.

Nota: Este es un proceso general para invitar personas al grupo. Consulta a tus líderes de ministerio para determinar si todos los componentes de este proceso se aplican a tu tipo particular de grupo. (Por ejemplo, los grupos de personas en la búsqueda espiritual usarán un método diferente para invitar personas a un grupo y un grupo de tareas puede tener lineamientos específicos que se relacionan para lograr la tarea.)

¿Dónde encuentro miembros potenciales para el grupo?

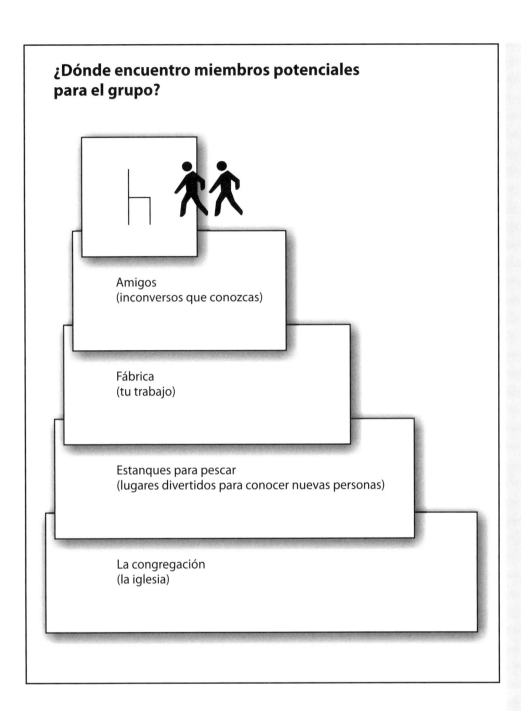

Amigos
(inconversos que conozcas)

Fábrica
(tu trabajo)

Estanques para pescar
(lugares divertidos para conocer nuevas personas)

La congregación
(la iglesia)

Conversaciones con posibles miembros del grupo

No es fácil conocer a alguien durante un corto tiempo. Incluso las personas que viven haciendo este tipo de trabajo te dirán que toma años desarrollar las habilidades para entender con exactitud las fortalezas y debilidades de las personas que están tratando de conocer. Lo que es más, en un grupo pequeño el éxito depende de que haya afinidad (algo en común) entre los miembros del grupo, no solo que las personas sean «buenas personas». Aunque encontrar afinidad es un tipo de proceso subjetivo y «cuestión de gusto», hay algunas preguntas básicas que pueden hacerse para sacar a relucir una afinidad potencial. Las preguntas que fomentan las amistades basadas en intereses comunes pueden agruparse en cuatro grandes aspectos:

1. Procedencia

2. Empleo y familia

3. Intereses y pasatiempos

4. Apetito espiritual

A continuación encontrarás algunos ejemplos. No te sientas presionado a hacer todas estas preguntas cuando te encuentres con miembros potenciales. Escoge aquellas con las que te sientas cómodo o que mejor satisfagan tus necesidades. Tal vez hasta quieras escribir las tuyas o reformular estas con tus propias palabras.

Procedencia
1. ¿Cómo empezaste a asistir a la iglesia?

2. ¿Dónde asististe a la iglesia antes de venir aquí?

3. ¿Eres de esta zona? ¿Dónde asististe a la escuela?

4. ¿Cuáles eran las características de la iglesia de tu infancia?

El empleo y la familia
1. ¿Qué haces para ganarte la vida? ¿Qué hacías antes de tu trabajo actual?

2. ¿Disfrutas tu posición actual? Si no es así, ¿cuál es el trabajo de tus sueños?

3. ¿Cómo es tu horario? ¿Cuán ocupado estás con tu trabajo?

4. ¿Cuánto tiempo has estado casado/a? ¿Tienes hijos? Si es así, ¿cuántos?

5. ¿Cómo describirías la relación con tu cónyuge? ¿Cómo se mantienen en comunicación a diario?

6. ¿Cuál ha sido el mayor reto de estar casado/a (o soltero/a)?

7. ¿Qué ha sido lo más gratificante de estar casado/a (o soltero/a)?

8. Háblanos acerca de tu familia ampliada. ¿Ves a tus padres a menudo? ¿Cuántos hermanos y hermanas tienes?

Intereses y pasatiempos

1. ¿Qué te gusta hacer durante tu tiempo libre? ¿Tienes algún pasatiempo?

2. ¿Qué te gusta hacer cuando sales?

3. ¿Qué haces para relajarte?

4. ¿Hay algún deporte, actividad o pasatiempo nuevo que te gustaría aprender?

Apetito espiritual

1. ¿Has estado antes en un grupo pequeño, aquí o en otra iglesia? ¿Qué disfrutaste sobre esa experiencia?

2. ¿Por qué deseas unirte a un grupo pequeño?

3. ¿Cómo van las cosas desde el punto de vista espiritual? ¿Cómo está tu andar con Dios?

4. ¿Qué crees que puedes aportar a la vida del resto de los miembros del grupo?

5. ¿Cuáles son tus expectativas para el grupo? ¿Qué deseas ver cumplido?

6. ¿Dónde deseas estar, desde el punto de vista espiritual, al final de este grupo?

Por favor, estudia el diseño y el progreso de estas preguntas. Las preguntas directas sobre asuntos espirituales específicos o sobre el andar con Dios de una persona pueden ser amenazadoras. Así que, empieza por hacer preguntas sencillas y no amenazadoras. Esto permitirá que la persona se sienta relajada y ¡es probable que tú también!

A medida que fluya la conversación, anota mentalmente cómo te sientes con respecto a dicha conversación y a lo que la persona dice. La postura de su cuerpo, el tono de la voz, los gestos faciales o las miradas al cónyuge, todo eso crea reacciones dentro de ti que te ayudarán a saber si hay afinidad. Cuando algunas personas están tratando de conocer a otra, cometen el error de hacer juicios demasiado rápido y, como consecuencia, en realidad no escuchan lo que la persona está diciendo. Otras se extreman en no hacer juicios y no reconocen sus verdaderos sentimientos y es posible que obvien el hecho de que no les guste esa persona. Incluso, las personas que tienen afinidad enfrentan dificultades relacionales (¡piensa en ti y en tu cónyuge!). No creas que estás «excluyendo» (en el sentido negativo) cuando añades al grupo personas con las que tienes afinidad.

> *La afinidad simplemente se refiere a «aquellas cosas que tenemos en común que nos atraen unos a otros». No significa «semejanza», no estamos buscando personas semejantes a nosotros. Estamos tratando de ver si hay algunas experiencias o intereses en común de modo que podamos empezar a desarrollar relaciones saludables.*

Invitar a buscadores espirituales al grupo

Algunos grupos no están preparados para recibir personas en la búsqueda espiritual. En algunas etapas la naturaleza del material que se está estudiando o las personalidades de los miembros del grupo les impide dar una bienvenida eficiente a las personas en la búsqueda espiritual. Si tu grupo desea incluir personas en la búsqueda espiritual, puede que prefieras trabajar con tu mentor para que te ayude a preparar al grupo para este proceso. Por ejemplo, cuando invitas a las personas en la búsqueda espiritual a una reunión del grupo o a una actividad social, debes ser sensible a los siguientes aspectos:

- Enfócate en las necesidades de las personas en la búsqueda espiritual, no en tu agenda personal.

- Si están estudiando un pasaje de la Biblia, usa una versión de las Escrituras que las personas en la búsqueda espiritual puedan comprender con facilidad (NVI, Dios habla hoy, y La Biblia en lenguaje sencillo, son buenos ejemplos).

- No caigas en la jerga religiosa o en los clichés tales como «Aleluya», «¡Amén, hermano!» u otros términos como «Cordero de Dios» o «Estoy confiando en la sangre». Dicha terminología es bíblica, pero no le resulta familiar a las personas en la búsqueda espiritual y puede que los asuste y los aleje al hacerles sentir que no encajan en el grupo.

- Enfócate en la relevancia. No te metas demasiado en argumentos o distinciones teológicas. Apégate a las verdades básicas de las Escrituras.

- Permite que las personas en la búsqueda espiritual hagan comentarios, aunque puedan parecer incorrectos o parcializados. No discutas con ellos. Agradéceles su aporte y ayuda al grupo a respetar las preguntas o los puntos de vista de las personas en la búsqueda espiritual. ¡Escucha más y habla menos!

- Haz oraciones sencillas. Usa un lenguaje natural y conversacional cuando hablas con Dios. Ayuda a que las personas en la búsqueda espiritual vean que la oración es simplemente hablar con Dios y no una jerga religiosa.

- No evites asuntos o pasajes difíciles de la Biblia sobre los que incluso algunos creyentes tienen dudas. Sé honesto. Sé sincero. No tengas miedo de hablar la verdad bíblica, solo asegúrate de permitir el diálogo y de explicar términos bíblicos o conceptos que no sean familiares.

Estos son solo algunos consejos para darte una idea del tacto que debes tener con las personas en la búsqueda espiritual. Algunas de ellas se sentirán más cómodas en un grupo enfocado en las personas en la búsqueda espiritual debido a la naturaleza de sus preguntas. Muchas se sentirán bienvenidas en un grupo típico. Antes de invitar a personas en la búsqueda espiritual a cualquier grupo, diseña una estrategia que satisfaga las necesidades tanto del grupo como de las personas en la búsqueda espiritual.

EL NACIMIENTO

Nacimiento es el término que se usa para referirse al proceso de multiplicación del grupo. La analogía del nacimiento es apropiada. Como en el nacimiento natural hay dolor, separación y un sentido de tristeza por lo que se ha perdido, así sucede con el nacimiento de un grupo. Pero también hay celebración, alegría y aprecio por la nueva vida que ha surgido y por lo que se ha ganado.

Consejos para prepararte para el nacimiento

1. Proyecta la visión sobre el nacimiento desde el mismo comienzo del grupo.

2. Incluye esta meta en tu pacto.

3. Prepara a tu aprendiz para que lidere un grupo.

4. Ayuda a tu grupo a comprender que su propósito es dar lugar al nacimiento de otros grupos.

5. Ayuda al grupo a incrementar su interés por las personas que todavía no forman parte de la comunidad cristiana.

6. Comienza el proceso de la creación de subgrupos durante algún tiempo de cada reunión, varios meses antes del nacimiento. Esto significa que el aprendiz y el líder toman cada uno algunos miembros del grupo y se reúnen con ellos por separado. A menudo, esto se hace en dos habitaciones de una misma casa. Sin embargo, permite que los miembros del grupo empiecen a sentir el proceso de separación de otros miembros o del aprendiz.

7. Como preparación para el nacimiento tanto el líder como el aprendiz deben estar buscando nuevos aprendices.

8. Los nuevos aprendices y miembros deben formar parte de los subgrupos.

9. Comiencen a reunirse en subgrupos durante todo el tiempo de la reunión.

10. En el momento del nacimiento, celebra el comienzo de un nuevo grupo.

DÍA DEL NACIMIENTO

Como ocurre con todo nacimiento, este es un tiempo de celebración. A medida que el nuevo grupo comienza a separarse poco a poco del grupo que ya existía, es hora de reunirse y celebrar la nueva vida. A continuación presentamos algunas formas de celebrar las alegrías y de experimentar la tristeza del nacimiento de un grupo en el día de dicho nacimiento.

1. Ten un tiempo de celebración por el nacimiento.

2. Ten un tiempo de oración para comisionar y bendecir al nuevo grupo.

3. Reconoce y afirma el nuevo liderazgo de cada grupo.

4. Permite que los miembros expresen sus sentimientos de alegría o tristeza.

5. Planifica un tiempo en el que los dos grupos se vuelvan a reunir (probablemente de cuatro a seis semanas).

6. Celebren juntos un tiempo de comunión y conversen sobre las victorias y las bendiciones del grupo anterior.

7. Pasen tiempo orando acerca del futuro de ambos grupos y de lo que Dios puede hacer para ayudar a que cada uno crezca numérica y espiritualmente.

8. Pide a cada miembro que escriba una carta al resto del grupo en la que exprese sus sentimientos de agradecimiento y respeto.

9. Toma fotos o videos de los grupos mientras se preparan para nacer.

10. Prepara un programa donde planifiques algunas actividades sociales que desarrollarán juntos en el futuro, de modo que el grupo pueda volver a reunirse de manera regular.

TIPOS DE NACIMIENTOS

A continuación presentamos una gráfica que explica los cuatro tipos de posibilidades de nacimientos.

Nacimiento de nuevos grupos

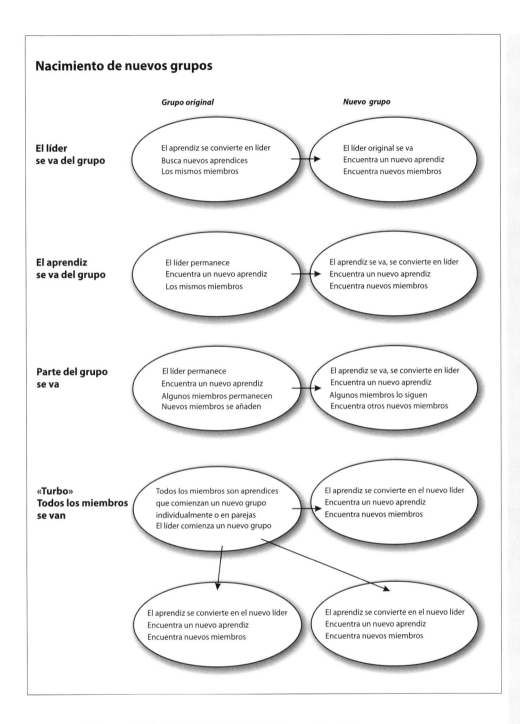

Grupo original — Nuevo grupo

El líder se va del grupo
- El aprendiz se convierte en líder
- Busca nuevos aprendices
- Los mismos miembros

→
- El líder original se va
- Encuentra un nuevo aprendiz
- Encuentra nuevos miembros

El aprendiz se va del grupo
- El líder permanece
- Encuentra un nuevo aprendiz
- Los mismos miembros

→
- El aprendiz se va, se convierte en líder
- Encuentra un nuevo aprendiz
- Encuentra nuevos miembros

Parte del grupo se va
- El líder permanece
- Encuentra un nuevo aprendiz
- Algunos miembros permanecen
- Nuevos miembros se añaden

→
- El aprendiz se va, se convierte en líder
- Encuentra un nuevo aprendiz
- Algunos miembros lo siguen
- Encuentra otros nuevos miembros

«Turbo» Todos los miembros se van
- Todos los miembros son aprendices que comienzan un nuevo grupo individualmente o en parejas
- El líder comienza un nuevo grupo

→
- El aprendiz se convierte en el nuevo líder
- Encuentra un nuevo aprendiz
- Encuentra nuevos miembros

- El aprendiz se convierte en el nuevo líder
- Encuentra un nuevo aprendiz
- Encuentra nuevos miembros

- El aprendiz se convierte en el nuevo líder
- Encuentra un nuevo aprendiz
- Encuentra nuevos miembros

REDUCIR EL TRAUMA DEL NACIMIENTO

Para reducir el trauma del nacimiento:

1. Habla de la meta del nacimiento desde el comienzo. Habla sobre el nacimiento de forma optimista y con frecuencia. Si el nacimiento es una sorpresa para el grupo, habrá resistencia.

2. Prepara al aprendiz para que triunfe dándole oportunidades de ejercer el liderazgo.

3. Honra las «uniones estrechas» de dos o tres que no pueden separarse.

4. Permite que la «gestación» se lleve a cabo con éxito al dejar que el «bebé» desarrolle una identidad dentro de la «madre» (durante algún tiempo reúnanse en habitaciones separadas de la misma casa).

5. Celebra una «fiesta por el nacimiento» cuando este ocurra.

6. Dedica tiempo a «amamantar», al permitir que los dos grupos se reúnan de vez en cuando después del nacimiento.

7. Anima las expresiones de dolor.

8. Prepárate para añadir estratégicamente nuevos miembros a tu grupo.

9. Celebra la llegada de los «nietos»: ¡los grupos que se desarrollarán a partir del grupo que viste nacer!

10. Después del nacimiento de un grupo, reúnete individualmente con los miembros de ese grupo con el objetivo de que cada persona procese el nacimiento.

CUIDADOS DESPUÉS DEL NACIMIENTO

Una vez que haya nacido el nuevo grupo, como resultado del grupo que ya existía, ambos grupos deben dedicar una o dos reuniones a procesar lo que ha sucedido. Esto ayudará a que los grupos se separen de manera oficial y, a pesar de esto, expresen sus sentimientos de tristeza por el proceso del nacimiento. Además, debes comenzar a orar por nuevos miembros para los grupos. Dediquen unas cuantas reuniones a reorientarse como grupos, pero luego empiecen el proceso de llenar la silla vacía orando e invitando personas a esta nueva comunidad. Recuerda, ahora este grupo es un nuevo grupo, porque ya no es lo mismo que era antes. Durante este tiempo los líderes deben dedicar especial atención a los miembros del grupo, pues pueden estar experimentando sentimientos de tristeza, frustración o pérdida.

RECURSOS

Preguntas frecuentes acerca de cómo multiplicar tu ministerio

P   *¿Cuánto demorará mi grupo en nacer?*

R   Los grupos nacen a ritmos diferentes. La clave para el nacimiento no es tanto el número de reuniones como la preparación del líder aprendiz. Los grupos están listos para nacer cuando los aprendices están listos para liderar y han identificado a otro nuevo aprendiz. Un grupo nacerá en cualquier momento a partir de los 9 hasta los 36 meses. Pero el nacimiento variará según el ministerio y el grupo, dependiendo de la frecuencia con que el grupo se reúna, la preparación del aprendiz y la naturaleza del ministerio.

P   *¿Y si nuestro nacimiento no tiene éxito?*

R   A veces los nacimientos no tienen éxito. Es decir, al nuevo grupo le es difícil comenzar. En tales casos, trabaja muy de cerca con tus líderes de ministerio y decidan cuál es la mejor solución. Las cosas en la vida no siempre salen perfectas y lo mismo es cierto en cuanto a los grupos pequeños. Pasa tiempo en oración y pídele a Dios que te dé sabiduría para manejar la situación.

P   *¿Y si quisiera incorporar a mi grupo personas en la búsqueda espiritual, pero el grupo no quiere?*

R   La mejor forma de destruir a un grupo —y de perjudicar a las personas en la búsqueda espiritual— es presentarlas cuando el grupo todavía no está listo para recibirlas. Esto también puede dañar seriamente la opinión del buscador espiritual acerca de tu iglesia. Si como líder estás deseoso de trabajar con personas en la búsqueda espiritual (y te sientes dotado para esto), entonces valora la idea de desarrollar a un aprendiz que se encargue de tu grupo para que tú puedas crear un nuevo grupo que se enfoque en las personas en la búsqueda espiritual.

P   *¿Cuán importante es el evangelismo para los grupos pequeños?*

R   El evangelismo es una parte importante de la vida cristiana normal y, por lo tanto, también es importante en los grupos pequeños. Sin embargo, esto no significa que cada grupo debe convertirse en un grupo que se enfoque en las personas en la búsqueda espiritual. Como mencionamos con anterioridad, algunos grupos tienen éxito cuando invitan a personas en la búsqueda espiritual y pueden tratarlos con el cuidado y la delicadeza apropiados. Otros grupos necesitan más tiempo antes de hacer esto. Lo importante es que cada miembro del grupo comprenda cómo explicar el evangelio con eficiencia y que «reconozca» el valor del evangelismo. El grupo simplemente puede decidir orar y apoyarse mutuamente en los esfuerzos de evangelismo individual con los vecinos o los compañeros de trabajo. Por lo menos, haz que todos pasen el curso de preparación de *Conviértase en un cristiano contagioso* y aprendan a transmitir el mensaje del cristianismo de la mejor forma posible, basándose en la personalidad y los dones de cada persona.

P   *¿Y si tengo problemas para encontrar miembros para mi grupo?*

R   Primero, habla con tus líderes de ministerio. Tu ministerio puede organizar actividades «de pesca» a los que asistan personas que desean pertenecer a un grupo. Si haces el esfuerzo por asistir a dichas actividades, tendrás grandes oportunidades de conocer («pescar») a algunas personas que podrían encajar dentro de tu grupo. Aprovecha las actividades que tu ministerio patrocine para conocer a nuevas personas. Además, conversa con tu líder de división o con tu director de ministerio y pregúntale si alguien les ha dejado saber que está interesado en la vida de los grupos pequeños.

P   *¿Cómo se determina la afinidad?*

R   La palabra afinidad no significa «semejanza». Afinidad simplemente significa que hay lo suficiente en común entre dos personas como para que tenga lugar una relación. Estas cosas en común pueden ser la etapa de la vida, cantidad de hijos en la familia, edad, intereses similares en cuanto al ministerio, intereses similares en cuanto al trabajo, problemas o necesidades similares, o pasatiempos o intereses similares. La afinidad no es un principio diseñado para excluir a las personas. Por el contrario, es un principio que se debe tomar en cuenta porque se basa en una realidad. La gente tiende a organizarse alrededor de aquellos con los que se sienten cómodos. Aunque es admirable querer alcanzar a todas las personas, es importante reconocer que las personas tienden a «relacionarse» basándose en la afinidad.

P   *¿Y qué de esas personas que tienen problemas para relacionarse con la iglesia y que parecen no tener afinidad con nadie?*

R   Siempre hay algunas personas que enfrentan dificultades para establecer relaciones. Esto puede ocurrir por muchas razones. Tal vez no conocen a nadie porque se acaban de mudar a la zona, o quizá han tenido dificultades con las habilidades sociales o son muy introvertidas. Esto no significa que no puedan formar parte de grupos pequeños. Conversa con tus líderes de ministerio para encontrar vías que incorporen a dichas personas a tu grupo. Como iglesia, traten de llevar a cabo suficientes actividades y programas dentro de cada ministerio de modo que tipos diferentes de personas puedan encontrar un lugar al cual pertenecer. Tú no quieres que nadie se caiga por las grietas. Si conoces a alguien que tenga dificultad para insertarse dentro de un grupo pequeño, habla con tus líderes de ministerio y diseñen una estrategia para involucrar a esa persona.

RECURSOS ADICIONALES

Conviértase en un cristiano contagioso (libro y materiales de entrenamiento) de Bill Hybels y Mark Mittelberg (Vida)

Evangelism as a Lifestyle de Jim Peterson (NavPress)
Este es un gran libro para ayudar a la gente a desarrollar habilidades relacionales que fomenten un estilo de vida de evangelismo. El libro de Peterson muestra un proceso para ayudar a las personas a establecer relaciones en las que, con el tiempo, puedan transmitir su fe.

Fuera del salero de Rebecca Pipper (Certeza Unida)
Este es otro gran libro sobre cómo ser la sal y la luz del mundo, de modo que impactemos a la gente con el evangelio.

Nine Keys to Effective Small Group Leadership de Carl George (Kingdom)
Carl George trata la multiplicación del ministerio y la incorporación de miembros nuevos a los grupos.

Parte ocho

COMIENZO DEL TRABAJO DE LOS GRUPOS PEQUEÑOS EN TU IGLESIA

Esta sección está dedicada a los que dirigen el ministerio de grupos pequeños en la iglesia, pero también es muy útil para los líderes de grupos pequeños. Cada líder debe comprender cómo su grupo encaja en la estrategia y visión global de la iglesia. Esta sección proporciona una clara imagen de lo que están construyendo juntos.

Para ayudarte a comenzar analizaremos las preguntas clave que debes hacer, las fases a través de las cuales pasarás mientras edificas, algunos consejos acerca de la preparación de líderes y una herramienta para que evalúes tu progreso. Es esencial que te reúnas con el equipo de liderazgo de la iglesia para que trabajen juntos en estas preguntas y estrategias. El ministerio de grupos pequeños no alcanzará su potencial sin un esfuerzo conjunto de los líderes laicos y a tiempo completo de la iglesia. El tiempo que inviertas lo recuperarás en vidas cambiadas en los años venideros.

(Para una explicación más amplia de lo que se requiere para desarrollar esto en la iglesia local, ten la bondad de revisar el libro *Edificando una iglesia de grupos pequeños*.)

EL COMIENZO

«¿Cómo comenzamos?» Esta es una pregunta que muchos se hacen después de ver el valor de hacer juntos el ministerio en grupos. No es difícil comenzar con unos pocos grupos pequeños, pero la preparación para el éxito requiere de sabiduría y planificación. Muchas iglesias no hacen planes para el éxito. La pregunta que debes hacerte es: «¿Qué haces cuando los grupos pequeños funcionan y hay más personas queriendo participar en estos y los líderes necesitan una preparación adicional?»

Hay una gran diferencia entre comenzar «grupos pequeños» y comenzar «un ministerio basado en grupos pequeños». Busca en la introducción para refrescar tu memoria acerca de la diferencia entre una iglesia «con» grupos pequeños y una iglesia «de» grupos pequeños.

Si deseas comenzar un solo grupo pequeño, busca en la Parte cuatro, donde analizamos los fundamentos de un grupo: Tener una visión, establecer metas, constituir un pacto y estar de acuerdo en los valores. La Parte siete te ayudará a encontrar nuevos miembros y la Parte tres te ayudará a identificar y desarrollar un líder aprendiz que puedas discipular para el liderazgo.

Pero si deseas edificar una iglesia o un ministerio completo con el uso de grupos pequeños como su base y como vehículo principal para cumplir tu misión, hay más cosas que debes considerar.

OCHO PREGUNTAS CLAVE

Es frecuente que las iglesias deseosas de desarrollar un nuevo ministerio se centren de manera principal en el futuro: visión, resultados, personal, presupuesto, materiales y todos los demás recursos necesarios para «cumplir con la tarea». Pero antes de comenzar a considerar el tipo de iglesia que quieres ser, es esencial tener una clara comprensión del tipo de iglesia que eres. Estos son algunos aspectos importantes a considerar:

¿De dónde hemos venido?

Traza tu historia para aclarar tu herencia, valores pasados, tendencia de asistencia y las etapas por las cuales tu ministerio ha progresado a través de los años. Emplea un tiempo para evaluar tu historia a la luz de algunas de estas categorías:

· Tópicos de enseñanza

· Cambios de empleados

· Sucesos importantes en la iglesia

· Sucesos importantes en el mundo

· Cambios demográficos

· Crisis y tragedias

- Estilos de ministerio

- Presupuestos

- Previas reacciones a los cambios

- Comienzo y final de ministerios

- Experiencia con grupos pequeños

Este ejercicio tendrá un gran beneficio para comprender quién eres como una iglesia porque te proveerá un repaso significativo de tu pasado, te permitirá aprender de los éxitos y fracasos y pondrá a los miembros más nuevos a la altura de algunos de tus veteranos más experimentados. También te permitirá celebrar lo que Dios ha hecho de manera que puedas empezar a orar acerca de lo que él hará en el futuro. Pide a los miembros más viejos que cuenten historias acerca de cada una de las fases por las que tu iglesia ha atravesado. Tú honrarás tu pasado y crearás un mayor sentido de unidad.

¿Dónde estamos hoy?

Ahora comienza a hablar acerca de ministerios, empleados, visión y eficiencia. Esto simplemente es una extensión del ejercicio anterior. ¿Qué estás haciendo ahora mismo como una iglesia y cómo evalúas tus éxitos al hacer lo que Dios te está pidiendo hacer? ¿Cuál es tu estructura presente o modelo para el ministerio (reuniones generales de adoración (cultos), Escuela Dominical, estudios bíblicos para adultos, clases, grupos pequeños, grupos informales, asociaciones, etc.)? ¿Por qué tienes cada uno de estos ministerios? ¿Son eficientes?

¿Cuáles son los valores centrales?

Cada iglesia tiene un grupo de valores mediante los cuales funciona. A veces estos se comprenden bien y se articulan con claridad. En otras iglesias no están escritos pero se conocen bien. Para que una iglesia siga adelante hacia el proceso de implementar un modelo de grupo pequeño, primero debes determinar qué valores son centrales en tu ministerio. Entonces puedes determinar si los grupos pequeños apoyarán esos valores.

Algunos valores que merecen que tus líderes los consideren son:

- **Edificar relaciones.** Preocuparse por los demás y esforzarse por conocerlos y comprenderlos.

- **Amar a los perdidos.** Como todas las personas son importantes para Dios, los perdidos están cercanos a su corazón.

- **Decir la verdad.** Decirse unos a otros la verdad con gracia y amor, sin ocultar cosas, sin albergar resentimientos, sin propagar chismes o evitar los conflictos saludables.

- **Ministerio mutuo.** Todos están unidos en el ministerio; no es solo para unos pocos profesionales a quienes se les paga. Honra el sacerdocio de todos los creyentes.

- **Responsabilidad.** Comprometerse unos a otros en la práctica de la integridad y la disciplina moral, permitiendo que un hermano o hermana en Cristo averigüe la conducta y el progreso de otros en el cumplimiento de sus responsabilidades y modos de actuar.

- **Compromiso.** Dar seguimiento y apropiarnos de la responsabilidad para la misión.

Cualesquiera que sean los valores centrales para tu iglesia, debes estar seguro de que tengan base bíblica, que estén bien articulados, que tengan el respaldo de todo el liderazgo de la iglesia y que lo enseñen y modelen.

Ahora puedes determinar si la conformación de un ministerio en torno a los grupos pequeños te ayudará a implantar y apoyar esos valores.

¿Quiénes ejercen influencia en las decisiones en nuestra iglesia?

Como este ministerio de grupos pequeños va a ser una iniciativa importante en tu iglesia, debes asegurarte que la mayoría de las personas con influencia en las decisiones comprendan y apoyen la visión, los valores, la historia y la realidad actual. Por lo general estas son las personas que se buscan cuando se consideran decisiones importantes en la iglesia. En algunos casos necesitarás su aprobación (ancianos, comités especiales, junta directiva). En otros casos, necesitarás que estén de acuerdo (voluntarios importantes, contribuyentes principales, miembros de muchos años).

Precaución: Aquí no estamos hablando de política, pero sí necesitas ser sabio con relación a los cambios y a la manera en que estos se producen. Si algunas personas tienen la tendencia de influir en las decisiones, dirección y estrategia en tu iglesia, es sabio comunicarse con ellas, respetarlas y tratar de ganar su bendición para tus esfuerzos. Debes ocuparte de esto con absoluta integridad y sin manipulación.

Algunas de estas personas no están en posiciones formales de autoridad en la iglesia, pero pueden estar casados con personas que sí lo están. O tal vez ayudaron a comenzar el trabajo de la iglesia con su generosidad y se preocupan mucho por el rumbo que tomen las cosas. Incorpora a estas personas en tu proceso como consejeros y asesores. Busca su sabiduría, escucha sus preocupaciones, presta atención a los problemas que ellos presentan, agradéceles su interés en ayudarte a realizarlo.

También debes comprender que a pesar de todo lo que hagas, algunas personas no querrán subir a bordo. Asegúrate de que Dios te esté llamando a ti y a otros para hacer este movimiento hacia los grupos pequeños, porque si no estás seguro, te darás por vencido al enfrentar desacuerdos y adversidades. Si es el consenso del liderazgo principal de la iglesia que debes continuar, hazlo. Sigue amando y comunicándote con aquellos que no apoyan tus esfuerzos. Escucha sus evaluaciones, pero también continúa cumpliendo la misión que Dios te ha dado. El cambio siempre crea algún nivel de conflicto o desacuerdo. Debes esperarlo, prepararte, orar por ellos y seguir adelante de forma sabia.

¿Cómo moldear y comunicar la visión al liderazgo principal?

Una vez que tengas el consenso sobre la dirección general y los valores, comienza a escribir la declaración de la visión. Este te permitirá permanecer enfocado y te proporcionará una herramienta para comunicar tu visión a aquellos que guías. Incluye los fundamentos bíblicos para tu visión y tus valores. Para ver un ejemplo puedes referirte a la declaración de Willow Creek en la Parte uno. Dedica tiempo a moldear la declaración de la visión. Incluye las ideas y opiniones de muchas personas. Deseas el consenso de un grupo grande de líderes de modo que la mayor cantidad posible de personas considere suya la visión.

Al pasar por este proceso, recuerda considerar qué quieres evitar y qué quieres preservar antes de mencionar lo que quieres lograr. Las personas se sienten más confiadas al hablar del futuro si antes se les asegura que deseas mantener los valores meritorios del pasado y estás deseoso de evitar problemas innecesarios en el futuro.

¿Cuáles son los recursos potenciales y las posibles barreras?

¿Qué recursos existen para que implementes los grupos pequeños? Es posible que algunos haya que desarrollarlos en el camino, pero a continuación hay algunas categorías a considerar. Cada una de estas categorías puede ser un recurso o una barrera dependiendo si tienes la cantidad suficiente de cada uno.

Líderes o líderes potenciales

Finanzas: presupuestadas o de contribuyentes de afuera

Materiales para el curso de preparación y el plan de estudios

Equipos audiovisuales para el curso de preparación y para las presentaciones

Personal: cantidad de tiempo que cada miembro del personal puede dedicar al desarrollo de los grupos

Asesores: expertos de la congregación o de afuera de ella.

Un foro para diálogo e intercambio: un lugar o reunión habitual para evaluar resultados y enfrentar las dificultades

Locales para los cursos de preparación y las reuniones: es mejor fuera de la propiedad de la iglesia, pero algunos grupos tendrán que reunirse en los locales de la iglesia.

¿Cómo debemos reorientar el propósito o reconfigurar las reuniones existentes para incluir la vida de los grupos?

Es posible, dependiendo de las reuniones existentes y del programa de culto, que quieras aprovechar esas reuniones para preparación y para presentar la visión. Muchos de tus líderes voluntarios y líderes potenciales ya están comprometidos con la iglesia en diferentes actividades. Añadir más reuniones y actividades de preparación a su programa pudiera abrumarlos.

He aquí algunas pocas sugerencias que pueden ayudarte:

1. Programa los cursos de preparación o reuniones breves antes o después de los cultos existentes. Pide a los que atienden los niños que todos los meses trabajen unos veinte o treinta minutos más un domingo en la mañana, y reúne a los líderes de grupos pequeños durante ese tiempo. Esto te permitirá presentar un curso muy enfocado y específico además de comunicar información importante a tus líderes sin tener que pedirles que hagan otro viaje a la iglesia.

2. Cambia el enfoque de un culto vespertino dominical o de mediados de semana para dar lugar a los asuntos de los grupos pequeños y temas de liderazgo. Una serie de sermones pudiera enfocarse en uno de estos temas:

   · Edificar relaciones duraderas

   · Decir la verdad

   · Cómo enfrentar conflictos

   · La preparación de seguidores plenamente comprometidos

   · El uso de tus dones para impactar a los demás

   · Los «unos a otros» del Nuevo Testamento

   · La oración intercesora

   Estos temas serán beneficiosos para todo el cuerpo, pero los líderes podrán tomar el tema para aplicarlos en términos de sus grupos. En resumen, esto proporcionará un buen grado de preparación. Reparte hojas con las notas para que los líderes puedan usarlas en sus grupos durante la semana.

3. Rediseña algunas clases de la Escuela Dominical en torno a los temas de liderazgo. Prepara una clase para líderes de grupos. Pide a los líderes que traigan a líderes potenciales a la clase. Haz que la clase funcione como un «grupo modelo» así como también una oportunidad de enseñanza y preparación. Este tipo de clase tendrá un impacto adicional si el pastor principal y otros líderes importantes lo enseñan de vez en cuando.

4. Añade o incluye un tiempo de grupo o tiempo para fomentar la comunidad en las reuniones existentes de juntas y comités. Esto ayudará al liderazgo principal a modelar la vida de grupo ante la congregación, mostrando el sabor de la vida de grupo y ayudando a edificar un equipo más fuerte. A medida que estos hombres y mujeres vean el valor de la vida de grupo y cómo puede dar realce a sus esfuerzos, apoyarán más el movimiento de la iglesia en la dirección de los grupos como medio de hacer un ministerio.

¿Cuáles son las implicaciones para nuestro personal?

Primero, si una iglesia está comprometida en convertirse en una iglesia de grupos pequeños, cada miembro del personal tiene que dedicar tiempo y energía para el desarrollo de los grupos. Esto puede lograrse al convertirse en un ministerio de grupos pequeños, no al entrar en un ministerio de grupos pequeños.

Cada año, durante 3 a 5 años, remplaza 20% de la descripción de las funciones del personal con responsabilidades en el desarrollo de los grupos pequeños. Es algo así:

Primer año. Un 80% de las funciones actuales, un 20% para los grupos

Segundo año. Un 60% de las funciones actuales, un 40% para los grupos

Tercer año. Un 40% de las funciones actuales, un 60% para los grupos

Este patrón permite un movimiento gradual para el énfasis en los grupos pequeños en cada uno de los miembros del personal. Sin embargo, esto da por sentado unos pocos factores esenciales:

· Debe disminuir un 20% de las responsabilidades actuales para poder dedicarle tiempo a la edificación de los grupos. Para que esto ocurra, debes ayudar al personal a dar prioridad a las responsabilidades de ministerio.

· Es posible que necesites reclutar voluntarios que formen parte del equipo del personal. Esto por lo general es muy saludable ya que muchos en el personal se ven como hacedores de ministerio y no como personas que pasan las responsabilidades del ministerio a otros.

· Al incrementarse la participación en los grupos pequeños, el personal comprenderá cómo la movilización de los grupos en aspectos vitales de ministerio ayuda a lograr más que si lo hicieran solo los miembros del personal. Los grupos se convierten en una forma de hacer las tareas del ministerio que la iglesia debe cumplir mientras se presta atención a la formación de pequeñas comunidades donde pueden ocurrir cambios en la vida de las personas.

INTRODUCCIÓN GRADUAL AL MINISTERIO DE LOS GRUPOS PEQUEÑOS

CUATRO FASES

Muchas iglesias, incluyendo Willow Creek, cometieron algunos errores al comenzar el modelo de grupo pequeño con demasiada rapidez. Afortunadamente pudimos hacer ajustes, pero algunos ministerios fracasaron porque las iglesias decidieron iniciar el modelo de grupos pequeños en vez de crecer hasta lograr ser una iglesia de grupos pequeños. Los anuncios desde el púlpito que proclamaron la formación de demasiados grupos a la misma vez, sin planear cómo lograr el éxito y sin dejar tiempo para la preparación y el desarrollo de futuros líderes, pueden frustrar los intentos de desarrollar grupos. De ser posible, es mejor moverse en fases.

La fase del modelado/turbo

En esta fase los líderes de la iglesia (es preferible incluir al pastor principal) lideran uno o dos grupos pequeños. Estos grupos deben llenarse con otros líderes potenciales, personas que nunca han experimentado la vida en un grupo pequeño y otros que no han tenido experiencias muy satisfactorias en grupos. Toma el tiempo necesario para modelar la visión y los valores que deseas para estos grupos. Experimenta, corre riesgos, pide reacciones y haz cambios. Es posible que a lo largo del camino tengas que romper algunos paradigmas.

Cada persona elabora una idea diferente al escuchar el término «grupos pequeños». A continuación mencionamos algunas:

1. **Estudios bíblicos intensivos:** Grupos llenos de debates en cuanto a información acerca de doctrinas bíblicas, interpretaciones de la Segunda Venida y un enfoque en hacer lo correcto. Muchos cuadernos, libros de referencia, estudios de griego, libros de estudio de palabras y otros materiales.

2. **Grupo de terapia:** Grupos donde las personas solo vienen a comentar y solucionar sus propios «asuntos». Hay muy poco interés en dar a otros, en estudiar la Palabra o en crecer espiritualmente.

3. **Reuniones sociales:** Grupos donde las personas se encuentran, tienen refrigerios, conversan acerca de algunos motivos de oración y planifican la próxima actividad. El enfoque está en la nueva cortina de Beatriz, en el auto nuevo de Roberto, en el nuevo compañero de cuarto de Alberto y en los últimos éxitos de taquilla.

4. **Debates religiosos:** Grupos en los que la gente debate numerosos temas religiosos pero nunca llegan a conocer la verdad de las Escrituras. Los debates se enfocan en experiencias relacionadas con la muerte, revelaciones de ángeles, cosas que todas las religiones tienen en común y en las experiencias espirituales más recientes de un miembro.

Los conceptos erróneos mencionados anteriormente explican por qué es tan importante modelar lo que debe ser un grupo pequeño. Aparte de la procedencia de las personas, necesitas ver con exactitud lo que esperas de un grupo pequeño. Insiste en los aspectos que tu iglesia desea destacar. Muestra a la gente cómo se viven algunos valores de un grupo pequeño a medida que

- llenan la silla vacía al invitar personas nuevas

- preparas a tu aprendiz o aprendices de liderazgo

- alcanzan a los perdidos que no conocen a Cristo

- preparas el nacimiento de nuevos grupos a partir de tu grupo

- manejas los conflictos y las luchas

- celebran el cambio de vida

- se divierten

- varías las reuniones

- sirven juntos

El mismo hecho de estar en el proceso de desarrollar un grupo hará que ganes el respeto de otros y el derecho de defender la visión.

Grupos turbo

Los grupos turbo son una expresión intensiva de la fase del modelado/turbo. La diferencia es que los grupos turbo se llenan casi exclusivamente de aprendices de liderazgo. Es un grupo pequeño diseñado con la intención de desarrollar y producir líderes, con el objetivo de comenzar muchos otros grupos pequeños en el mismo momento en que estén preparados. El líder del grupo prepara a los aprendices durante una temporada al modelar y enseñar los valores y el proceso del grupo. Al final del grupo turbo, todo el mundo «nace» y crea sus propios grupos. Recomendamos que como mínimo esto incluya de 10 a 15 reuniones. Un grupo turbo debe permitir que los aprendices

- practiquen las habilidades para el liderazgo

- encuentren su propio aprendiz o aprendices

- inviten personas al grupo

- se dividan en subgrupos de tres a cinco personas para orar y ejercer el liderazgo

- observen y practiquen dinámicas de grupo saludables

Los grupos turbo son magníficos para acelerar el proceso de desarrollo del liderazgo. Pero asegúrate de dedicar el tiempo necesario para realmente desarrollar a estos líderes potenciales, proporcionándoles la experiencia que necesitarán a lo largo del camino. Si el proceso se acelera demasiado rápido, puede que te veas en un gran problema cuando dejes solos a estos líderes. Recuerda, está en riesgo la vida de muchos miembros de grupos. Si al comienzo pasas suficiente tiempo preparando a los líderes, se evitarán muchos problemas a lo largo del camino.

La fase piloto

Durante la fase piloto todos los miembros saben que están en un grupo piloto. Comienzas por pedir que algunos líderes bien preparados lideren grupos pequeños durante 12 a 16 reuniones. (Es bueno celebrar por lo menos 12-16 reuniones para que los grupos puedan pasar la etapa de «luna de miel» y tengan algunos conflictos.) Después de la última reunión los grupos hacen un alto para evaluarse y retroalimentarse. Los grupos piloto también modelan y enseñan los valores esenciales que han acordado, pero no están específicamente diseñados para nacer hasta que haya una retroalimentación completa.

La fase piloto es una buena oportunidad de experimentar. Tú tienes el permiso para fallar porque los participantes saben que es un grupo piloto y que tendrán un impacto significativo en cualquier cambio que sea necesario hacer. Durante esta fase sentirás la necesidad de reunirte con los líderes de manera regular. Además, los líderes deben presionar un poquito al grupo. Ya que el número de reuniones es limitado, tienes que asegurarte que los líderes las aprovechen bien.

La fase del comienzo

Una vez que la iglesia ha llevado a cabo el trabajo preliminar que se acaba de mencionar, es hora de lanzar el ministerio de grupos pequeños a mayor escala. Pero esto no significa que es hora de «pasar a la luz pública». Un anuncio prematuro invitando a todos a unirse a los grupos pequeños no es una buena idea. No solo se creará un caos en el ministerio, sino que además pondrás personas a liderar prematuramente y esto traerá como consecuencia que los miembros se frustren al tratar de unirse a los grupos y encontrar que ninguno tiene espacio para ellos.

En la fase del comienzo todavía estás anunciando verbalmente el ministerio de los grupos pequeños. Los líderes y los aprendices (luego de haber completado una experiencia con los grupos turbo o de modelado) ahora deben reclutar miembros para sus grupos. Los grupos de cada líder o aprendiz por lo menos reclutarán seis personas antes de comenzar un grupo nuevo.

Antes de entrar a la fase del comienzo, asegúrate de que el proceso de preparación para el liderazgo se haya llevado a cabo de la forma correcta. Sin esto, estás preparando el fracaso para los líderes. Presta atención a los siguientes detalles:

1. **Lugar.** ¿Cuál es el mejor lugar para una sesión de capacitación dinámica y creativa?

2. **Tiempo.** ¿Cuál es el mejor tiempo para tus líderes? ¿Ofrecerás varias sesiones para que ellos elijan la que mejor les convenga?

3. **Materiales.** No les des a los líderes materiales de mala calidad para el trabajo del grupo. Si esperas lo mejor de ellos, dales lo mejor que tengas. Usa una buena impresora y una fotocopiadora, aunque tengas que hacerlo en otro lugar que no sea la iglesia.

4. **Duración.** Esto depende de la frecuencia con que los líderes se reúnen para el curso de preparación. Si es cada seis semanas, entonces toma más

o menos dos horas, ofrece un refrigerio e incluye tiempo con los mentores (supervisores) o con la directiva. Si se reúnen una vez a la semana, entonces los encuentros deben durar de 30 a 40 minutos.

5. **Liderazgo maduro.** Involucra a menudo a los pastores y ancianos, de modo que los líderes sepan que ellos están al tanto de lo que está sucediendo. Valora a los líderes invirtiendo tiempo y trabajo con ellos y brindándoles información actualizada acerca de la iglesia y de los esfuerzos con respecto al ministerio.

6. **Mentores.** Comienza a identificar «pastores potenciales que pastoreen a los pastores», quienes cuidarán de los líderes a medida que crece el ministerio. No pases esto por alto o tendrás demasiados líderes bajo el cuidado de una misma persona.

La fase «pasar a la luz pública»

Si has completado con éxito las fases que se mencionan arriba y te estás preparando para desarrollar mentores para tus líderes, entonces estás listo para sacar el ministerio a la luz pública. Puedes estar seguro de que muchos ya sabrán acerca de él. (Esperamos que sea porque han estado escuchando historias de los grupos piloto y de los líderes de los grupos pequeños y están ansiosos por pertenecer a un grupo.) Antes de anunciar que la iglesia entrará de lleno en un ministerio de grupos pequeños que involucre a todas las personas, asegúrate de haber considerado los siguientes puntos:

1. ¿Hay suficientes sillas vacías en los grupos existentes para acomodar a las personas nuevas?

2. ¿Estás identificando a los mentores que cuidarán y apoyarán a los líderes de los grupos pequeños? Recuerda, para tener en cuenta el número de personas bajo el cuidado de los mentores, necesitas un mentor cada cinco grupos pequeños. Al inicio la directiva y los ancianos pueden servir como mentores, pero lo ideal es que los mentores «surjan del sistema» luego que ellos mismos hayan liderado y dirigido el nacimiento de otro grupo.

3. ¿Estás preparado para buscar nuevos líderes entre aquellos que muestren interés de unirse a un grupo? Muchos buenos líderes ofrecen resistencia para pasar al frente y liderar. Prepárate para desafiarlos.

4. Si las peticiones son demasiadas, ¿tienes un «lugar de espera preparado»? Estas son clases donde la gente puede experimentar la vida en un formato de grupo pequeño antes de realmente unirse a un grupo. Dichas clases te brindan un poco más de tiempo para encontrar algunos otros líderes y preparar un lugar para las personas que están esperando formar parte de los grupos.

5. ¿Estás listo para pagar el precio? Tu iglesia nunca será la misma. Habrá grandes retos y asuntos que tratar (la mayoría de los cuales serán consecuencia del éxito). Permanece comprometido con la visión. Todos los que estén en posiciones claves de la directiva y el liderazgo voluntario tienen que estar convencidos antes de comenzar.

6. ¿Cómo definirás y celebrarás el éxito? Los relatos de las historias es uno de los medios más efectivos para continuar extendiendo tu visión y estrategia.

DESARROLLO DE LA PREPARACIÓN DEL LÍDER DE UN GRUPO PEQUEÑO

La preparación del líder es clave para el éxito a largo plazo del ministerio de los grupos pequeños. Tu ministerio se reproduce a sí mismo a través del desarrollo permanente de los líderes, de modo que lo mejor es preparar a dichos líderes.

Hay dos formas básicas en las que los líderes de grupos pequeños se preparan para el ministerio: la preparación descentralizada que tiene lugar fuera de las clases formales y la preparación centralizada que proveen los instructores. Hablemos sobre estos dos métodos.

PREPARACIÓN DESCENTRALIZADA

Preparación en el puesto de trabajo

Los aprendices para ser líderes aprenden mientras observan y experimentan dentro del contexto de la vida real del grupo. Esta puede ser la clase de preparación de más impacto. Su eficacia depende en gran manera de la relación entre el líder y el aprendiz y entre los aprendices y el mentor. Los mentores que visitan a los grupos pueden dar consejos y ánimo a los aprendices de liderazgo recientes y los líderes pueden acompañar a los aprendices para proveerles retroalimentación, darles la oportunidad de dirigir reuniones y alentar a los aprendices a medida que crecen en los roles del liderazgo.

Preparación basada en reuniones improvisadas en el camino

Las consultas que se presentan en el camino es una oportunidad para que los mentores preparen informalmente a los líderes basándose en sus necesidades. En estas consultas los mentores (quienes en la mayoría de los casos tienen mayor discernimiento y experiencia) proveen consejería y preparación a los líderes bajo su cuidado. Se intercambian consejos e ideas, se tratan los problemas y se proporcionan los recursos.

Preparación basada en el ministerio

En iglesias con múltiples campos de ministerios (solteros, estudiantes, programadores, hombres), dichos ministerios proveerán un curso enfocado y específico que se aplica a los componentes únicos de cada ministerio. Por ejemplo, el director del ministerio estudiantil puede decidir traer un especialista de la congregación o la comunidad para preparar a los líderes del grupo pequeño con el objetivo de que comprendan mejor las necesidades y luchas de los estudiantes en la cultura actual.

El aprendizaje auto-dirigido

Los líderes sacan ventaja de las grabaciones, los libros y otros materiales de una «biblioteca del líder», un lugar donde pueden tener acceso a información y recursos para el curso de preparación.

PREPARACIÓN CENTRALIZADA

La preparación centralizada que dirige la iglesia tiene lugar en el terreno de la iglesia (u otro lugar destinado para esto), en donde los líderes puedan reunirse con los pastores y los directores de ministerios para recibir instrucciones específicas. Este es un escenario ideal para ejercer los roles, demostrar las habilidades, proyectar la visión, estudiar casos específicos y proyectar videos. La mayoría de la preparación centralizada debe tener lugar durante las primeras etapas del liderazgo. Después de eso los líderes pasarán a métodos más descentralizados donde pueden seleccionar por sí mismos el aprendizaje y la preparación que necesiten.

Asegúrate de crear un ambiente emocionante y dinámico. Usa pocas conferencias pero que sean eficientes. Mantén la preparación interactiva.

Preguntas para responder antes de dirigir una actividad de preparación basada en la iglesia

¿Es personal?

Muchos cursos de preparación se diseñan alrededor de un currículo. Pero creemos que estos deben diseñarse alrededor del líder. Comienza con una definición o un cuadro de cómo debe ser un líder exitoso de un grupo pequeño. Considera tanto el carácter como el desarrollo de las habilidades. Una vez que hayas hecho una lista de las características y habilidades, identifica qué serían los mínimos absolutos, habilidades y conductas esenciales sin las que los líderes de grupos pequeños no deben o no pueden liderar un grupo. Después, empieza a desarrollar materiales y pautas de preparación para estas habilidades clave e inclúyelos en el curso de preparación obligatorio o básico para los nuevos líderes.

Pregunta clave: ¿Se diseñó nuestro material de preparación para beneficiar al aprendiz o al maestro?

¿Es bíblico?

Debido a que estamos trabajando con grupos pequeños como una estructura dentro de la iglesia, existe la tentación de enfocarse en las dinámicas y las habilidades del grupo. Estas son esenciales y nunca deben considerarse como opcionales. Sin embargo, no descuides la incorporación de materiales y enseñanzas bíblicas sólidas para tus líderes. La Biblia es fundamental para darle a tu gente una visión Cristo-céntrica para el liderazgo, las relaciones, la comunidad y el pastorado. Usa pasajes clave como Ezequiel 34, Mateo 10, Lucas 10 y Juan 10 para el desarrollo del liderazgo y del pastorado. Ayuda a los líderes a comprender su papel como ministros del evangelio usando Efesios 4 y la necesidad de la humildad y el servicio usando Juan 13 y Filipenses 2.

Usa la Biblia para transformar a los líderes, no solo para informarlos. Comunica una visión para el liderazgo que se base en la Biblia y presente lineamientos y valores bíblicos para el ministerio. Combina esto con un curso de habilidades para cuidar de las personas, dirigir reuniones que transformen vidas, lanzar debates creativos sobre la Biblia, escuchar, orar e interceder en grupo y evaluar los dones espirituales y su uso. De esa forma tendrás un poderoso programa de preparación.

Pregunta clave: ¿Sentirán los líderes que han recibido alimento y ánimo en una forma que es coherente con las Escrituras?

¿Contribuye al desarrollo?

Diseña y organiza tu curso y enseñanza de forma que los líderes sientan que están progresando. Willow Creek, en sus primeros tiempos, brindó un programa de preparación basado en un menú. Los líderes tomaban lo que necesitaban para ayudarse con sus grupos. Pero al organizarlo no tuvimos en cuenta que además de las necesidades obvias (como por ejemplo, resolver un conflicto en el grupo), también era necesario enseñarles temas como los del de crecimiento (convertirse en pastor). El método del «menú» solo puede proveer opciones y no ayudará al líder a determinar cuál es la mejor alternativa.

Un enfoque en el desarrollo no solo ofrece un conjunto de materiales de preparación y apoyo, sino que además provee un plan para los líderes que los ayuda a determinar las metas y las pautas para el desarrollo personal. Ya que no todos somos iguales, el plan debe ser flexible y a la vez incluir gran parte de la preparación básica que todos los líderes necesitan. Después de la preparación básica obligatoria, proporciónales a los líderes un sistema de preparación que los ayude a tomar decisiones sabias. En Willow Creek confiamos en los mentores de los grupos pequeños para que trabajen con sus líderes usando un plan de desarrollo del liderazgo con el objetivo de recomendar opciones de preparación a su gente. Este sistema de responsabilizarse además del apoyo mutuo propicia un marco ideal para escoger y usar la preparación apropiada según la etapa de desarrollo del grupo.

Pregunta clave: ¿Cómo crecerán nuestros líderes como resultado de este curso de preparación?

¿Es inspirador?

Algunas clases de preparación pueden ser como ir al dentista. Es difícil, requiere de mucho tiempo y la razón principal por la que vas es porque tienes que hacerlo. (Si no lo haces, con el tiempo se te caerán los dientes.) Mucha gente puede comenzar a disfrutar el hecho de ir a una cita con el odontólogo. Él es amigable, pasa tiempo concentrado en ellos, recomienda pasos razonables para mantenerse higiénicamente saludable, hace preguntas personales y familiares y siempre los saluda con entusiasmo. El curso de preparación también puede ser así.

Recuerda, la mayoría de la gente que lidera grupos ha pasado algún tipo de preparación para el trabajo que ahora desempeña (y gran parte de este era semejante a una «cabeza habladora» que les transmitía información y les entregaba muchos papeles para sus carpetas que luego terminarían en un estante (junto a otras nueve carpetas de otros programas de preparación anterior). Así que la «preparación» a menudo se percibe como tediosa.

Pero imagínate entrar a una habitación que está bien iluminada y decorada creativamente con papeles y globos de colores. Hay mentas y caramelos en todas las mesas y también hay refrigerios disponibles. Sé creativo en la preparación de tu presentación. En vez de simplemente pararte detrás de un podio o frente a una pizarra, prueba usar una mesa con tus materiales sobre ella. Usa retroproyectores, videos, gráficos y diapositivas. Diviértete. Incorpora algunos rompehielos creativos y juegos para propiciar las relaciones. Habla con pasión y entusiasmo. Todo esto ayudará a crear una atmósfera inspiradora y motivadora que comunica: «Esto no es lo mismo de siempre».

Pregunta clave: ¿Hará la preparación que los líderes se sientan motivados?

¿Es relacional?

Muchas metodologías para la preparación se diseñan alrededor de los modelos de aprendizaje empleados en la educación superior, es decir, la experiencia dentro del aula. La preparación relacional incluye el aprendizaje participativo. Los grupos y equipos son más propicios para los modos de aprendizaje que le permiten a los miembros experimentar con nuevas habilidades, ganar retroalimentación, procesar información con otros alumnos y desarrollar relaciones de camaradería con otros líderes. Se requiere más trabajo para llevar a la práctica un diseño de preparación basado en el grupo, pero vale la pena.

Pregunta clave: ¿Se lleva a cabo la interacción y el aprendizaje dentro del grupo?

¿Es aplicable?

¿Se presta esta experiencia de preparación para aplicarla de inmediato y con éxito en la próxima reunión del grupo? Recuerda, a menudo los líderes están pensando en los asuntos que enfrentará su grupo a corto plazo. Al igual que la mayoría de los alumnos adultos, no están interesados en una preparación que puedan aplicar dentro de ocho meses. Debe aplicarse a la vida del grupo en ese momento o no parecerá relevante.

En la preparación básica u obligatoria está bien proporcionar a los miembros una amplia preparación primaria. Enfócate en los puntos esenciales, pero no los abrumes en la sesión introductoria con «toda la preparación que alguna vez necesitarán».

Pregunta clave: ¿Lo usarán los líderes esta semana?

¿Transforma vidas?

Muchos procesos de preparación se enfocan en la adquisición de habilidades o en la comunicación de información. Pero la meta principal de la preparación es tener un líder transformado, no solo un líder con más habilidades o con más conocimientos. Los procesos o cursos de preparación tienen que cambiar el corazón de un líder de modo que este se convierta en un agente de la obra del Espíritu Santo. Si respondiste con éxito las seis preguntas anteriores, la pregunta sobre la transformación casi se responde a sí misma. En otras palabras, si la preparación es personal, bíblica, contribuye al desarrollo, es inspiradora, es relacional y se puede aplicar, de seguro transformará vidas.

El objetivo del instructor es proveer una retroalimentación encaminada a discernir si de veras han ocurrido cambios. Esto puede hacerse de muchas formas. Primero, a medida que los mentores o supervisores visiten los grupos y trabajen con los líderes de grupos pequeños, serán capaces de discernir cambios en la conducta y la actitud que se relaciona directamente con una experiencia de preparación. Segundo, pide a los líderes que expresen sus reacciones cada vez que tengan una experiencia de preparación. Una retroalimentación inmediata puede mostrar algún indicio de cambio, como también lo puede hacer un simple cuestionario.

También pueden ser útiles los grupos de pruebas [Nota de la editora: estos son grupos que se reúnen para analizar el efecto de la sesión de capacitación].

Cita a los grupos de pruebas después de seis a diez semanas de la experiencia de preparación y pide que los participantes piensen en su experiencia de preparación y cómo esta afectó (o no) el liderazgo y la vida del grupo. (Esto también te dará una idea de cuánto material o habilidades retienen o usan los líderes.) Todos estos tipos de retroalimentación mejorarán en gran manera cómo y qué asuntos tratar en las experiencias de preparación de tus participantes.

Pregunta clave: ¿Cambiaron los alumnos su conducta o actitudes gracias a esta preparación?

PUNTOS PARA RECORDAR

· *Mantén las sesiones de preparación enfocadas en una o dos habilidades clave*

· *Usa toda la creatividad que tengas disponible*

· *Siempre comienza y termina puntual*

· *Gana retroalimentación de los alumnos*

· *Haz el curso de preparación accesible y divertido.*

Con estos lineamientos y principios en acción, podrás llevar a cabo un proceso de preparación eficiente y de calidad.

EVALUACIÓN DEL MINISTERIO DE LOS GRUPOS PEQUEÑOS DE TU IGLESIA

CONTROLES A LO LARGO DEL CAMINO

Cada ministerio debe detenerse y hacerse las siguientes preguntas. «¿Realmente somos eficientes? ¿Tiene nuestro ministerio un impacto? ¿Estamos administrando con sabiduría los recursos que Dios nos ha dado? ¿Están creciendo nuestras personas para ser más semejantes a Cristo, actuando como él lo haría en nuestro lugar?»

¿Cómo andan nuestros grupos?

Hay algunas herramientas para evaluar el crecimiento y el progreso de los miembros y de los líderes al comenzar y desarrollar un ministerio que use los grupos pequeños como forma principal de brindar cuidado, verdad y servicio al cuerpo de Cristo.

Por ejemplo, en Willow Creek se diseñó un plan para pastorear que se encuentra en la Parte seis de este libro. El plan para pastorear se diseñó como una herramienta para desarrollar el liderazgo y el discipulado para los líderes de grupos. Los cinco aspectos clave (gracia, crecimiento, grupo, dones y buena mayordomía) brindan una referencia para retroalimentar a los miembros del grupo. Pero también podemos hacernos esta pregunta. «¿Cómo van nuestros grupos en _____?» y llenar el espacio en blanco con cada uno de los cinco aspectos clave. Usar cada tres meses el plan para pastorear nos permite ver cómo están los grupos y brindar a los miembros una retroalimentación acerca de su crecimiento en Cristo. Puede usarse para evaluar grupos individuales o ministerios completos.

¿Cómo van nuestros líderes?

En la Parte cinco de este libro encontrarás un formulario llamado «Retroalimentación y desarrollo del líder». Puedes diseñar tu propio modelo o copiar este. Si de veras quieres saber cómo van tus líderes, haz tres cosas:

1. Visita cada grupo 2 ó 3 veces al año.

2. Entrega a los miembros de los grupos el formulario Retroalimentación y desarrollo del líder y pídeles que brinden reacciones significativas y constructivas acerca de sus líderes.

3. Reúna información de las visitas y de los formularios para determinar los progresos del líder y las necesidades.

No olvides que muchas personas le temen al proceso de evaluación y retroalimentación. Es importante transmitir que su objetivo es el desarrollo, no la crítica. Si los grupos pueden hacer esto por sí mismos se convierte en una experiencia constructiva para la comunidad. Los líderes oyen lo que funciona, lo que necesita atención y lo que puede confirmarse y cuestionarse. Los líderes deben conversar con su mentor acerca de las reacciones que obtuvieron, y el mentor les dará sugerencias y aliento.

¿Cómo van nuestras reuniones?

Otro formulario que hemos utilizado en Willow Creek es Tocar base: Resumen del grupo pequeño que está en la Parte cinco del libro. De nuevo, puede que tú quieras diseñar tu propia herramienta, pero este tipo de herramienta te dará una visión completa del ministerio en tu iglesia en un mes o trimestre determinado. Pide a los líderes que todos los meses llenen el cuestionario en las reuniones con sus mentores y le entreguen el cuestionario. Se convertirá en un «diario» del grupo que se actualizará constantemente, una especie de historia del grupo. Esta información puede compilarse para mostrar un cuadro del ministerio en cualquier momento. Aunque es cierto que los números no cuentan la historia completa, pueden ser un indicador importante de la salud y del progreso del grupo. El modelo de Tocar Base también revelará algunas tendencias del ministerio. ¿Se están desarrollando suficientes aprendices? ¿Con qué frecuencia se están visitando los grupos? ¿Con qué frecuencia están los grupos usando la silla vacía para invitar a personas nuevas? ¿Cuántos grupos se han detenido y por qué?

Además de usar estos dos formularios, recomendamos unir, una o dos veces al año, a algunos grupos de debate. Reúne a algunos miembros de cada uno de los grupos pequeños y pregúntales cómo van las cosas. (Asegúrate de que alguien, que no sea del personal pagado de la iglesia, facilite este intercambio de impresiones. Las personas se mostrarán más abiertas si la directiva o el líder de su grupo no está presente.) También puedes reunir líderes y mentores para que tengan su propio grupo de prueba. Ellos te proporcionarán una valiosa retroalimentación al darte una visión clara de la realidad. Bríndales oportunidades en sus grupos o en sus encuentros para debatir sus «puntos de dificultad». Escúchalos sin ponerte a la defensiva ni emitir juicios. Busca la comprensión y la claridad.

Lo que es más importante, haz cambios o mejorías basándote en las reacciones de los líderes y permite que los líderes sepan que te basaste en sus sugerencias. A veces es fácil reunir datos o información y nunca decir a la gente cómo los usamos. Como resultado, las personas sienten que no las valoran ni las escuchan. Pero si puedes demostrarles que su aporte es importante, que tiene influencia y se toma en cuenta, ganarás su respeto y lealtad. Tus líderes no esperan que seas perfecto, pero sí quieren saber que estás escuchando y trabajando para desarrollarlos como personas.

Si no te tomas el tiempo para hacer estas preguntas, nunca sabrás cómo va tu ministerio realmente. Puedes aferrarte a pretender que todo está bien. Como resultado, los grupos se vuelven menos eficientes, las personas nuevas no se involucran, no se hacen discípulos, no se implementan mejorías y no se cambian las vidas. Por último, la iglesia, la novia de Cristo, no se pastorea como es debido. Todo esto porque no queremos hacer preguntas difíciles y llevar a cabo los cambios necesarios.

RECURSOS

Preguntas frecuentes acerca del inicio de un grupo pequeño

P   *¿Cuánto costará iniciar este ministerio?*

R   Depende de si quieres edificar una iglesia con los grupos pequeños o sencillamente añadir los grupos a tu programa. Para nosotros ha sido valioso invertir recursos importantes en la capacitación, el desarrollo y el crecimiento de la vida en grupos en toda la iglesia. Prepárate para modificar tu presupuesto, tu personal y sistema de apoyo para hacer que los grupos pequeños sean productivos.

P   *¿Cuánto tiempo tomará?*

R   Tanto como sea necesario para que todo el mundo encuentre un grupo y se relacione con un pastor amoroso. Solo Dios sabe la respuesta de esa pregunta.

RECURSOS ADICIONALES

Edificando una iglesia de grupos pequeños de Bill Donahue y Russ Robinson (Editorial Vida). Ese libro habla sobre los pasos principales que se necesitan para iniciar y desarrollar toda la estrategia de los grupos pequeños.

The Change Agent de Lyle Schaller (Abingdon). Este es un libro clásico y completo sobre el cambio en la Iglesia. Una lectura obligada si realmente te vas a involucrar en las grandes transiciones.

The Coming Church Revolution de Carl George y Warren Bird (Revell). Los capítulos de George sobre el cambio y la transición son valiosos para el desarrollo de un nuevo ministerio de grupos pequeños.

Los siete pecados capitales de los grupos pequeños de Bill Donahue y Russ Robinson (Editorial Vida). Esta guía para solucionar problemas identifica siete obstáculos importantes que tú enfrentarás al fomentar un ministerio de grupos y también ofrece herramientas y recursos para seguir adelante.

ÍNDICE TEMÁTICO

Nos agradaría recibir noticias suyas.
Por favor, envíe sus comentarios sobre este libro
a la dirección que aparece a continuación.
Muchas gracias.

Vida|@zondervan.com
www.editorialvida.com